高校转型发展系列教材

普拉提教程 垫上

张孟红 主编
邹 蕾 副主编

清华大学出版社
北京

内容简介

本教材共分五章，系统地介绍了普拉提的基础理论知识和发展简况，详细阐述了普拉提(垫上)单个动作的练习方法、普拉提不同级别课程的设置、普拉提教学方法及安全措施。通过对本课程的学习，学生可学会普拉提的基本动作及组合动作，基本掌握运用普拉提动作健身的方法，还可培养学生的健身意识，增进学生的身心健康。

本教材的编写旨在加深人们对普拉提健身方法的正确认识，满足学校和社会普拉提教学的需要。

本教材可用于学校普拉提教学，也可作为健身教练的参考用书或对普拉提感兴趣的人的自学资料。

本书封面贴有清华大学出版社防伪标签，无标签者不得销售。

版权所有，侵权必究。举报：010-62782989，beiqinquan@tup.tsinghua.edu.cn。

图书在版编目(CIP)数据

普拉提教程：垫上/张孟红　主编. —北京：清华大学出版社，2018（2025.1重印）
(高校转型发展系列教材)
ISBN 978-7-302-49422-5

Ⅰ.①普… Ⅱ.①张… Ⅲ.①健身运动—高等学校—教材 Ⅳ.①G883

中国版本图书馆 CIP 数据核字(2018)第 015140 号

责任编辑：施　猛　马遥遥
封面设计：常雪影
版式设计：方加青
责任校对：曹　阳
责任印制：杨　艳

出版发行：清华大学出版社
　　　　网　　址：https://www.tup.com.cn，https://www.wqxuetang.com
　　　　地　　址：北京清华大学学研大厦 A 座　　邮　　编：100084
　　　　社 总 机：010-83470000　　邮　　购：010-62786544
　　　　投稿与读者服务：010-62776969，c-service@tup.tsinghua.edu.cn
　　　　质 量 反 馈：010-62772015，zhiliang@tup.tsinghua.edu.cn
　　　　课 件 下 载：https://www.tup.com.cn，010-62781730
印 装 者：天津鑫丰华印务有限公司
经　　销：全国新华书店
开　　本：185mm×260mm　　印　张：9.25　　字　数：214 千字
版　　次：2018 年 6 月第 1 版　　印　次：2025 年 1 月第 8 次印刷
定　　价：58.00 元

产品编号：069757-01

高校转型发展系列教材 编委会

主任委员：李继安　李　峰
副主任委员：王淑梅
委员(按姓氏笔画排序)：

马德顺	王　焱	王小军	王建明	王海义	孙丽娜
李　娟	李长智	李庆杨	陈兴林	范立南	赵柏东
侯　彤	姜乃力	姜俊和	高小珺	董　海	解　勇

前言

普拉提是一项风靡全球的健身运动，近年来在我国非常流行。目前，一些健身会馆已经引进了普拉提项目，部分学校也增设了这门课程，普拉提受到越来越多的人的喜爱。

本教材内容源于编者多年来的普拉提健身教学经验和研究成果，在此基础上参考国内外相关资料编写而成。

本教材的编写旨在加深人们对普拉提健身方法的正确认识，满足学校和社会普拉提教学的需要。

本教材图文并茂，既有详细的动作讲解又配有大量的动作图片，从动作方法、动作次数、动作变换到锻炼功效和注意事项等都有详细的说明。同时，本教材注重理论与实践相结合，既介绍了普拉提单个动作的练习方法，又提供了从入门到初级、中级、高级普拉提课程的设计范例，还阐述了普拉提教学的方法及注意事项，便于学生学习、掌握和运用。

本教材共分五章，系统地介绍了普拉提的基础理论知识和发展简况，详细阐述了普拉提(垫上)单个动作的练习方法、普拉提不同级别课程的设置、普拉提教学方法及安全措施。

本教材由张孟红担任主编，邹蕾为副主编，动作示范由梁博淇、张作兴完成。

编者在编写本教材的过程中，查阅并参考了国内外有关普拉提的文献资料，力争准确和通俗，但由于编写人员的水平和经验有限，难免有不妥之处，敬请广大读者批评指正。反馈邮箱：wkservice@vip.163.com。

编　者

2017年5月

目　录

第一章	普拉提概述	1
	第一节　普拉提简介	1
	第二节　普拉提的特点	1
	第三节　普拉提的锻炼功效	2
	第四节　普拉提发展简况	3
第二章	普拉提基础知识	5
	第一节　普拉提基础解剖知识	5
	一、人体定位	5
	二、人体的运动解剖平面	5
	三、人体运动轴	6
	四、人体的骨骼系统	7
	五、人体的肌肉系统	7
	六、相关解剖名词解释	10
	七、人体主要关节活动	11
	八、人体主要肌肉与其作为主动肌的关节动作	12
	第二节　普拉提基础理论	12
	一、脊柱中立位	12
	二、身体核心	15
	三、普拉提呼吸方法	20
	四、普拉提基本术语	22
	第三节　普拉提基本原则	26
	一、专注	26
	二、控制	27
	三、核心	27
	四、呼吸	27
	五、准确	28
	六、流畅	28
	第四节　垫上普拉提课程的训练要素	28

	一、力量与稳定性 28
	二、柔韧性与动作范围 28
	三、正确的身体中立位 29
	四、平衡性 29
	五、协调性和身体知觉性 29

第三章　普拉提垫上动作 30
	第一节　普拉提仰卧(撑)系列动作 30
		一、仰升上体(Curl Up) 30
		二、百次拍击(The Hundred) 31
		三、长驱席卷(Roll Up) 34
		四、引颈前伸(Neck Pull) 36
		五、单腿画圈(Single Leg Circles) 38
		六、单腿屈伸(Single Leg Stretch) 41
		七、双腿屈伸(Double Leg Stretch) 43
		八、"V"形悬体准备(Teaser Preparation) 45
		九、"V"形悬体(Teaser) 47
		十、单腿朝天(Single Straight Leg Stretch) 49
		十一、齐腿朝天(Double Straight Leg Stretch) 50
		十二、辗转反侧(十字交叉，Criss Cross) 52
		十三、立地旋风(双腿画圈，Corkscrew) 53
		十四、肩基举桥准备Ⅰ(Shoulder Bridge PreparationⅠ) 56
		十五、肩基举桥准备Ⅱ(Shoulder Bridge PreparationⅡ) 58
		十六、肩基举桥(Shoulder Bridge) 59
		十七、蝎尾后针(超越卷动，Roll Over) 62
		十八、空中剪刀(Scissors) 64
		十九、倒踏单车(Bicycle) 66
		二十、一柱擎天(空中折刀，Jackknife) 68
		二十一、仰撑抬腿(Leg Pull Up) 70
	第二节　普拉提俯卧(撑)系列动作 72
		一、钟摆脚跟(Heel Beats) 72
		二、婴儿翘首(Baby Swan) 74
		三、天鹅翘首(Swan) 75
		四、沙滩踢球(单腿上踢，Single Leg Kick) 77
		五、鲸鱼摆尾(双腿上踢，Double Leg Kick) 78
		六、陆上游泳(Swimming) 80
		七、掌上压腿(俯撑抬腿，Leg Pull Down) 82
		八、普拉提掌上压(俯身撑起，Push Ups) 83

第三节　普拉提侧卧(撑)系列动作 ·· 87
　　　　一、侧卧抬腿(Side Leg Lifts) ··· 87
　　　　二、侧卧单腿画圈(Side Leg Circles) ···································· 88
　　　　三、侧卧扫踢(Side Leg Kicks) ·· 89
　　　　四、侧踏单车(Side Leg Bicycle) ·· 91
　　　　五、侧卧旋腿(Grande Ronde De Jambe) ································ 93
　　　　六、跪地飞铲(跪姿侧踢，Kneeling Side Kick) ······················· 95
　　　　七、穿针引线(侧撑扭转，Side Bend Twist) ···························· 97
　　第四节　普拉提坐姿系列动作 ·· 100
　　　　一、团身滚动(Rolling Like a Ball) ······································ 100
　　　　二、海豹拍鳍(Seal) ··· 102
　　　　三、初级脊椎前探(Spine Stretch forward Beginners) ················ 103
　　　　四、脊椎前探(Spine Stretch Forward) ·································· 105
　　　　五、旋腰拉锯(Saw) ·· 106
　　　　六、螺旋十字(Spine Twist) ·· 108
　　　　七、脚上车轮(Hip Circles) ·· 110
　　　　八、人鱼展肢(Mermaid) ·· 112
　　　　九、回力人棒(Boomerang) ··· 115
第四章　普拉提垫上课程 ··· 119
　　第一节　入门动作课程 ··· 119
　　第二节　初级课程 ·· 120
　　第三节　中级课程 ·· 121
　　第四节　高级课程 ·· 122
第五章　普拉提教学 ··· 125
　　第一节　普拉提垫上课程的教学方法和手段 ································· 125
　　　　一、普拉提垫上课程的教学方法 ··· 125
　　　　二、普拉提垫上课程的教学手段 ··· 129
　　第二节　普拉提垫上课程的结构与设计 ······································· 130
　　　　一、普拉提垫上课程的结构 ··· 130
　　　　二、普拉提垫上课程的设计 ··· 131
　　第三节　普拉提教学的课堂环境和安全措施 ································· 135
　　　　一、普拉提教学的课堂环境 ··· 135
　　　　二、普拉提教学的安全措施 ··· 135
参考文献 ··· 137

第一章　普拉提概述

第一节　普拉提简介

普拉提(Pilates)是由德国著名运动康复专家Joseph Pilates(约瑟夫·普拉提)创立并推广的一种加强肌肉力量、提高身体柔韧性和协调能力、改善姿态以及促进整体健康的均衡肌体的训练体系。

普拉提是西方国家中第一个"全身心"的健身体系，"全身心"意味着把身体作为一个整体来考虑，而不是毫不相关的各个部分。约瑟夫·普拉提在20世纪20年代发明的普拉提练习动作有三十多个，这些发明源于约瑟夫·普拉提对东西方体育和健身方式的研究。他设计的普拉提动作和人们生活的各个方面密切相关，致力于改善个体的全面身心健康状况，使之作为日常健康保障的一部分。普拉提不仅是一系列动作，更是一种锻炼身心的方法。普拉提是东西方传统和动作哲学的完美结合，东方讲究平静集中理念和全面发展理念的结合，西方则更多地强调怎样通过动作来塑造肌肉线条和强化肌肉力量。东西方结合既能增强肌力、提升肌耐力系统，又能平衡肌肉力量、增加身体柔韧性，还能与呼吸结合，达到身心俱练的效果。

普拉提是一种舒缓全身肌肉、提高身体躯干控制能力的运动。它集瑜伽、舞蹈、体操于一体，强调对"身体轴心"即腹背的强化训练，它的练习重点是围绕和支撑躯干的核心肌肉的力量训练。

通过不断练习普拉提动作，练习者可以逐渐获得自然的韵律节奏感和身心结合的协调性。普拉提练习通过伸展紧张的肌肉、增强无力的肌肉和改善全身心的健康状况来塑造我们的身体，唤醒我们身体的深层肌肉。这种独特的训练体系强调核心的重要性，通过有意识地控制身体，保证正确的肌肉运动顺序和骨骼排列；注重动作的细节并配合有针对性的呼吸模式，来提高练习者的身体健康水平。经常练习普拉提，可使我们的身体更强壮、更健康，更有能力去应付当今社会高标准的生活。

第二节　普拉提的特点

1. 科学性

普拉提的每一个动作都有特定的练习部位和练习目的，还要保持核心部位的收紧，需要大脑对身体的感觉和控制，要静下心来细心体会。同时，它吸收了古老的瑜伽和太极的动作精髓，用节奏把呼吸、冥想、柔韧、平衡有机结合在一起，从而达到伸展脊椎、拉长韧带的功能。

2. 全面性

普拉提练习强调用练习者自身的体重作为阻力来提高肌肉力量，动作稳健，看起来并不火爆，却能达到全方位练习的效果。既有针对腰腹部和背部的力量练习，又有针对手臂、胸部、肩部的练习，也有增强柔韧性的伸拉训练，各个部位都可以得到充分的收缩、放松和拉伸，从而全面有效地锻炼身体。

3. 安全性

普拉提动作缓慢而有节奏，强调大脑和身体的结合，每一个动作都是在意识控制之下完成的。普拉提的运动速度相对平和，是静力状态的运动，几乎不会对关节和肌肉产生伤害。同时，动静结合的动作安排，可使身体张弛有度，有利于练习者控制身体，减少因姿势错误造成的负面作用。

4. 简易性

大量的普拉提动作是躺或坐在垫子上完成的，这些练习经常模仿人们在日常生活中的动作，与日常生活紧密相连，动作结构相对单一，没有复杂的动作组合，易于学习和掌握。同时，练习者还可以在家中练习，不受场地的限制。

5. 挑战性与娱乐性

普拉提练习动作缓慢，看似简单，但要兼顾肌肉的控制和呼吸的配合，做起来就会有一定的难度，部分中高级动作具有一定的挑战性。但是，普拉提的练习环境，配合舒缓优美的音乐，可以使人充分放松；普拉提动作的转换流畅自然，练习者在练习过程中"痛并快乐着"。因此，不会产生过度劳累的感觉。

第三节　普拉提的锻炼功效

约瑟夫·普拉提提出的普拉提原创理论可以从"控制法"(Contrology)中体现出来，"控制法"被视为"身体、心灵、精神的完全协调"。练习时，每个动作都必须是全幅度的，以调动所有的相关神经和肌肉。"控制法"的内在哲学基础是每个练习者都可以获得完全控制身体的能力。

普拉提把东方的"柔"和西方的"刚"这两者之长合二为一，通过对身体核心部位(由腰部和腹部肌肉组成，包括腹横肌、腹内斜肌、腹外斜肌、腹直肌、竖脊肌、横膈肌、多裂肌、盆腔底肌等)的锻炼，使脊柱变得柔软有韧性。它的动作缓慢、清楚，运动强度不是特别大，每个姿势都必须和呼吸协调。普拉提练习强调静止中的控制过程，使练习者在增强肌肉力量的同时不增大肌肉体积。普拉提运动不但能够改善身体线条，还对矫正颈部和脊柱具有很好的效果，对腰、腹、臀等部位的塑形也具有很好的作用。

1. 增强核心控制，促进平衡和协调

普拉提练习能够加强由腹部深层肌肉和脊柱周围肌肉所组成的核心肌肉的力量，增强肌力和肌耐力；可提高核心的控制力，把躯干、骨盆和肩带连接起来；可提高关节可动性，增强肌肉柔韧性，改善肌肉平衡度以及身体灵敏度。

2. 改善身体外形，建立自信与自尊

普拉提练习可以极大地改善身体的外形、感觉和运动能力，通过重新调整身体各部分肌肉张力来改善姿态，调节身体中心线，从而有效缓解背部疼痛和矫正姿势偏差。同时，普拉提练习可在不增大肌肉体积的情况下增强肌肉力量，缓解过度紧张的肌肉压力，收紧松弛的肌肉，从而形成平坦的腹部、结实的肌肉、协调而柔韧的躯体，使身体从外观看起来圆润和健康。

3. 提高身体意识，强化头脑和呼吸

普拉提练习注重动作时的身心结合，每一次练习都是呼吸、意识和动作的有效配合。普拉提练习可提高身体意识和整体活动能力，形成优雅的身体姿态，使动作实施更加流畅、轻松；还可以增进认知功能，刺激循环系统和血液供氧，从而提高身体免疫力。

第四节 普拉提发展简况

普拉提源于20世纪20年代中期，由约瑟夫·普拉提创立并推广，并以其名字命名。约瑟夫·普拉提于1880年出生于德国，他的全名是约瑟夫·休伯特斯·普拉提(Joseph Hubertus Pilates)。约瑟夫·普拉提从小体弱多病，令他的童年灰暗无比。气喘病、佝偻病、风湿病的困扰更激发了他追求健康的动力。为了战胜身体上的各种疾病并使自己更加强壮，他开始用各种锻炼方法进行自我练习。从14岁开始，在医生的帮助下，他参加了大量的体育锻炼，不仅克服了身体的病痛，而且在滑雪、跳水、体操等多项运动中都颇有造诣，在获得健康身体的同时，还成为解剖图谱的模特。

1912年，约瑟夫·普拉提移居英国，以参加拳击比赛、马戏表演、担任自我防卫教练等为生。1914年，第一次世界大战爆发，约瑟夫·普拉提因为德国人的身份而被羁押，被关入兰卡斯特的一家工厂，随后又被转入马恩岛上的一所集中营里。在被羁押期间，他创编了一系列垫上运动，也就是后来我们熟知的普拉提垫上运动体系的雏形，并带领他的伙伴每天训练。正因如此，当1918—1919年大流感爆发的时候，跟随他训练的人没有一人得病。普拉提因此受到关注，并得到一份在军营当实习医生的工作。他负责30位病人，他根据患者的能力，带领他们每天做各种康复性的训练。他还发明了器械，把床上的弹簧固定到墙上，使卧床的患者躺在床上就可以进行练习，这就是后来普拉提器械设计的原型。当时，在西方医学领域，除了手术和吗啡，医院几乎不能提供更多的治疗方法，所谓的护理也只是让病人躺在床上休息，这样反而会造成肌肉萎缩、心肺功能下降和免疫系统功能减弱，而约瑟夫·普拉提帮助他的患者进行训练，使他们痊愈得更快，并且能有效防治继发性感染。

第一次世界大战后，约瑟夫·普拉提被释放，他回到德国并定居汉堡，受邀担任汉堡警察的自卫和体能教练，继续他的普拉提事业。在那个时期，他结识了著名的舞蹈家兼舞蹈设计师鲁道夫·芬·拉班(Rudolf Von Laban)，以及她的学生玛丽·维格曼(Mary Wiaman)。拉班创造了著名的"拉班舞谱"，而维格曼则是"表现主义舞蹈"的创始人。

她们将普拉提的垫上运动系统地融入她们的舞蹈动作和辅助训练之中，而约瑟夫·普拉提也通过她们认识了缤纷的舞蹈世界，为后来和舞蹈结下不解之缘埋下了种子。

1925年，约瑟夫·普拉提拒绝了纳粹要他培训德国新军的邀请，离开德国前往美国。在轮船上，他结识了年轻的护士克莱拉(Clara)。克莱拉后来成为普拉提的妻子，并且和普拉提共同工作，成为普拉提运动最忠实的拥护者和发扬者。1926年，普拉提夫妇到了纽约，在曼哈顿第八大道的一幢大楼里开办了一家健身工作室，开始传授他的训练体系。他把他的训练体系命名为"Contrology"(控制学)，并把这个世界上第一个普拉提训练工作室也取名为"Contrology"健身工作室。约瑟夫·普拉提开始和社会各个领域的人士合作，推广他独特的训练方法，但早期的工作状况不尽如人意，直到20世纪40年代，普拉提在舞蹈界开始流行。当时，一些著名的舞蹈界人士，如现代舞"格雷厄姆技巧"的创始人玛莎·格雷厄姆(Martha Graham)，著名的纽约城市芭蕾舞团的创建人乔治·巴兰钦(George Balanchine)注意到普拉提的特殊训练方法。他们发现，普拉提的训练方法对于增强核心力量非常有效，能够帮助练习者形成修长有力的肌肉，能使肌肉更加强健但体积不会增大，从而间接提升芭蕾舞演员的舞蹈表现能力，同时还有人在受伤后接受普拉提的康复训练并快速重返舞台。到20世纪60年代，许多纽约的舞蹈家都定期去普拉提工作室练习，同时还有演员、体操运动员和其他项目的运动员。在约瑟夫·普拉提的时代，他已经成为一个健身界的标志性人物。约瑟夫·普拉提去世后，他的妻子克莱拉继续将普拉提的健身方法发扬光大，他的一些学生也纷纷建立自己的工作室，来传播和发展普拉提训练方法。

随后，普拉提健身法持续发展，直到20世纪90年代，社会大众才认识到普拉提的科学性和有效性。近年来，越来越多的人发现普拉提健身法的好处和功效，并参与到普拉提运动中来，普拉提健身法逐渐成为世界流行的健身体系之一。

目前，普拉提被广泛应用于健身中心、私人工作室、康复中心和医院，并在各个领域都有所发展。近几年来，部分高等学校也开设了普拉提健身课程。它不仅提高了人们的健康水平，还在运动康复方面卓有成效。随着越来越多的人的了解和参与，普拉提训练方法也在不断地发展和完善，帮助人们提升运动能力和运动表现力，增进身心健康，更好地适应现代生活。

第二章 普拉提基础知识

第一节 普拉提基础解剖知识

了解和掌握与普拉提练习相关的人体骨骼、肌肉系统以及人体在运动中的基础解剖知识,对于正确理解普拉提练习的各项原则、更好地进行健身活动非常有帮助。

一、人体定位

描述人体动作时,需要一个统一的人体解剖学起始姿势,也就是解剖体位:直立,面向前方,足尖向前,两臂垂于身体两侧,掌心向前。人体的解剖学姿势及方位术语,见图2-1。

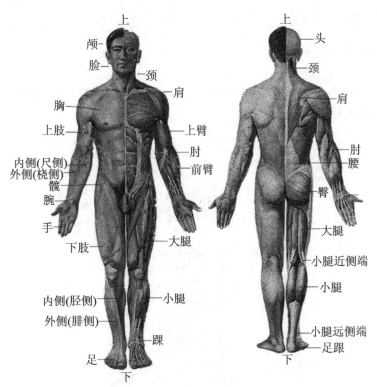

图2-1 人体的解剖学姿势及方位术语

二、人体的运动解剖平面

依据解剖体位,对于人体的活动,可以从三个基本面进行描述,见图2-2。

(1) 冠状面(额状面)。沿人体左、右径，将身体分为前后两部分的平面。

(2) 矢状面。沿人体前、后径将身体分为左右两部分的平面。沿人体正中线所作的矢状切面称为正中面。

(3) 水平面。与地面平行将身体分为上下两部分的平面。

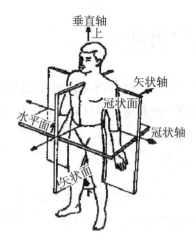

图2-2 人体的解剖体位

三、人体运动轴

人体运动轴是为了更好地理解人体的旋转运动而假设的三个互相垂直的基本轴。人体的基本面和基本轴，见图2-3。

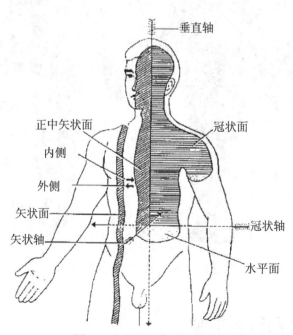

图2-3 人体的基本面和基本轴

(1) 冠状轴(额状轴)。通过身体重心左右的连线，垂直于矢状面。
(2) 垂直轴。通过身体重心上下的连线，垂直于水平面。
(3) 矢状轴。通过身体重心前后的连线，垂直于冠状面。

四、人体的骨骼系统

(一) 骨骼系统

活体中每块骨都是一个器官，主要由骨组织组成。成人全身有206块骨，经连接形成骨骼，骨骼组成了身体的基本架构。人体骨骼两侧对称，中轴部位为躯干骨，包括脊椎骨、胸骨和肋骨，共51块。顶端是颅骨，共29块。两侧为上肢骨，共64块；下肢骨，共62块。

骨的形态不一，反映了身体各部分骨的功能和特点。人体的骨按形态可以分为长骨、短骨、扁骨和不规则骨。活体骨由骨膜、骨质和骨髓三部分构成，并有神经和血管分布。

(二) 骨骼系统的主要作用

(1) 支架功能。骨与骨相连接，构成人体的支架，支承人体的重量。
(2) 保护功能。骨形成体腔的框架，容纳和保护重要器官，如颅腔、胸腔和盆腔等。
(3) 杠杆功能。骨的外面都有肌肉附着，成为人体各种机械运动的杠杆。
(4) 造血功能。骨松质和骨髓腔中的红骨髓有造血功能。
(5) 钙磷仓库。骨还是钙和磷的储备仓库。钙离子与肌肉的收缩有关，在血中要保持一定的浓度，血中钙与骨中钙不断地进行交换。磷是神经组织的重要成分，同时与ATP(Adenosine Triphosphate，腺苷三磷酸，是生物体内最直接的能量来源)的形成有关。

五、人体的肌肉系统

(一) 肌肉系统简介

肌肉组织主要由肌细胞组成，肌细胞之间有少量的结缔组织以及血管和神经。根据肌纤维的结构和功能特性，可将肌组织分为骨骼肌、心肌、平滑肌。骨骼肌涵盖附着在骨骼上的所有肌肉，受躯体神经支配，为随意肌；心肌和平滑肌受植物神经支配，为不随意肌。骨骼肌和心肌纤维上有横纹，又称横纹肌。我们平时所说的肌肉，都指骨骼肌。

1. 骨骼肌的组成

骨骼肌以骨骼肌纤维为基础，连同其他结缔组织以及血管、神经等共同构成。每块肌肉由肌腹和肌腱构成。肌肉周围有一些协助和保护肌肉活动的结构，包括筋膜、腱鞘、滑膜囊、籽骨等。

人体内骨骼肌分布很广且数量多，全身有600多块。骨骼肌占体重的比例，一般成年男性约为40%，成年女性约为35%。运动员、体格健壮者的比例更高，可占50%以上。

2. 骨骼肌的分类

按骨骼肌的主要功能，可将其分为屈肌、伸肌、收肌、展肌、旋前肌、旋后肌、摆肌、降肌、开大肌、括约肌等。

3. 骨骼肌的命名

骨骼肌的名称往往与其形态结构或功能特征相联系。

(1) 斜方肌、三角肌是按其形状命名。

(2) 冈上肌、冈下肌是按其位置命名。

(3) 肱二头肌、小腿三头肌是按其位置、形状综合命名。

(4) 胸大肌、臀小肌是按其位置、大小综合命名。

(5) 胸锁乳头肌、肱桡肌是按其起止点命名。

(6) 腹直肌、腹外斜肌是按其位置、肌束方向综合命名。

4. 骨骼肌的物理特性

(1) 伸展性。肌肉在外力作用下可以被拉长的特性即为伸展性。骨骼肌的伸展性在发展力量和柔韧素质方面具有重要意义，对增大动作幅度、增强关节柔韧性、预防肌肉拉伤很有益处。

(2) 弹性。弹性即外力解除后，被拉长的肌肉能恢复原状的性能。

(3) 粘滞性。肌肉收缩时，肌纤维内部分子之间及肌纤维之间的摩擦产生的阻力称为粘滞性。

5. 人体全身肌肉的分类

人体全身的肌肉可分为头颈肌、躯干肌和四肢肌。

(1) 头颈肌。头颈肌指头肌和颈肌。

(2) 躯干肌。躯干肌指背肌、胸肌、膈肌和腹肌等。

背肌分为浅层和深层。浅层有斜方肌和背阔肌；深层的肌肉较多，主要有骶棘肌。

胸肌分为胸大肌、胸小肌和肋间肌。

膈肌位于胸、腹腔之间，是扁平阔肌，呈穹窿形凸向胸腔。

腹肌位于胸廓下部与骨盆上缘之间，参与腹壁的构成，可分为前外侧群和后群。前外侧群包括位于前正中线两侧的腹直肌和外侧的三层扁阔肌，这三层扁阔肌由浅而深依次为腹外斜肌、腹内斜肌和腹横肌；后群有腰方肌。

(3) 四肢肌。四肢肌分为上肢肌和下肢肌。

上肢肌包括肩部肌、臂肌、前臂肌和手肌。

下肢肌包括髋肌、大腿肌、小腿肌和足肌。

(二) 肌肉系统的主要作用

骨骼肌一般附着在邻近的两块以上的骨面上，跨过一个或多个关节，具有收缩性、粘滞性和一定的延展性。肌肉收缩时，牵动骨引起关节运动。骨骼肌具有用进废退的特性，主要作用包括以下三方面。

(1) 稳定关节，保持身体的姿势。

(2) 借助骨骼杠杆，产生活动。

(3) 产生热能。

(三) 核心肌群图示介绍

1. 背部肌群

背部肌群见图2-4。

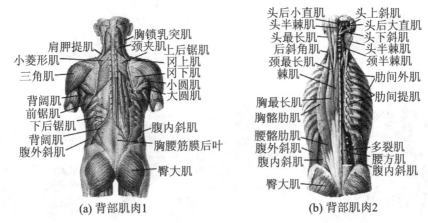

图2-4 背部肌群

2. 胸腹部肌群

胸腹部肌群见图2-5。

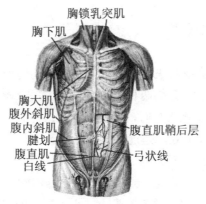

图2-5 胸腹部肌群

3. 肩胸部肌群

肩胸部肌群见图2-6。

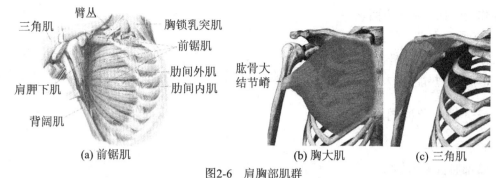

图2-6 肩胸部肌群

4. 髋部肌群

髋部肌群见图2-7。

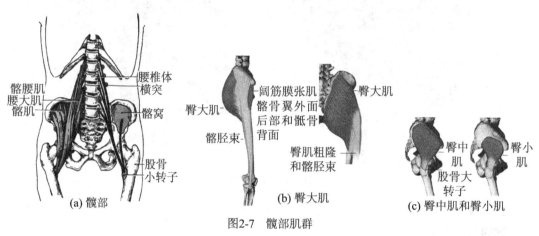

图2-7 髋部肌群

六、相关解剖名词解释

(1) 关节。它指的是两块或两块以上的骨之间能活动的连接。从解剖学的角度来说，有不动关节和动关节(连接处有液体)两种关节。关节由关节囊、关节面和关节腔构成。关节周围有许多肌肉附着，当肌肉收缩时，可作伸、屈、外展、内收以及环转等运动。

(2) 韧带。存在于人体关节处，是连接骨和骨的致密纤维结缔组织束。它的作用是加强关节的稳定性，限制其过度运动。

(3) 肌腱。肌腱是肌腹两端的索状或膜状致密结缔组织，便于肌肉附着和固定。一块肌肉的肌腱分附在两块或两块以上的不同骨上，由于肌腱的牵引作用使肌肉收缩，从而带动不同骨的运动。

(4) 筋膜。筋膜遍布全身，分浅筋膜和深筋膜两种。浅筋膜又称皮下筋膜，位于真皮之下，包被全身各部，由疏松结缔组织构成；深筋膜又称固有筋膜，由致密结缔组织构成，位于浅筋膜的深面，它包被体壁、四肢的肌肉和血管神经等。

(5) 软骨。软骨由软骨组织及其周围的软骨膜构成。软骨组织由软骨细胞、基质及胶原纤维构成。根据软骨组织内所含纤维成分的不同，可将软骨分为透明软骨、弹性软骨和纤维软骨三种。

七、人体主要关节活动

人体的各种运动一般是通过关节的屈伸来实现的。因人体各关节的结构不同，导致运动方向和幅度也不同。在进行普拉提运动健身前，了解关节的运动规律是非常必要的。

(一) 头部运动

头部运动是绕颈椎的寰枕关节与第一颈椎的运动柱相连运动，可以做前屈、后伸、侧屈、绕环和左右转动等动作，各方向的运动幅度为45°左右，后伸幅度为60°左右。

(二) 躯干运动

躯干运动主要是通过脊柱的屈伸及旋转来完成的。脊柱由24块椎骨(包括7节颈椎、12节胸椎、5节腰椎)、1块骶骨、1块尾骨以及椎间盘、关节和韧带连接而成。脊椎有4个正常生理曲度，从侧面看整体呈"S"形，从正面和背面看都呈一条直线。脊椎锥孔形成中空结构，脊髓从脊椎中间通过。椎间盘作为缓冲结构存在于各个椎体之间。脊椎除第一或第二颈椎活动范围较大之外，其他椎骨之间的相对运动范围很小，但整条脊柱叠加起来，就有很大的活动范围，可以做屈伸、侧屈、绕环运动。

(三) 上肢运动

人体上肢运动是由肩关节、肘关节和腕关节来实现的。

(1) 肩关节。它是典型的球窝关节，是活动范围最大的关节。它能绕3个运动轴灵活地做屈伸、回旋、伸展以及环转运动。幅度为180°～200°，后伸幅度约为45°。手臂绕额状轴可做360°绕环运动，绕矢状轴也可做360°绕环运动。

(2) 肘关节。它是一个复合关节，由肱尺、肱桡、桡尺3个关节共同组成。整个关节可绕额状轴做屈伸运动，绕垂直轴做旋内、旋外运动。

(3) 腕关节。它由桡腕关节、腕骨间关节以及腕掌关节共同构成，可做屈伸、收展及环转运动，屈伸范围约为90°，收展运动范围较小。

(四) 下肢运动

下肢运动主要通过髋关节、膝关节、踝关节三大关节来完成。

(1) 髋关节。属于典型的球窝关节，活动幅度较大，可以做屈伸、内收外展及旋转运动。正常情况下，向前踢腿的幅度为90°～160°，向后踢腿的幅度为45°～120°，向侧踢腿的幅度为90°～180°。

(2) 膝关节。由股骨和胫骨的内外侧踝相对应的上下关节面和髌骨后面的关节面组成，是一个结构较复杂的关节。膝关节只能绕额状轴作屈伸运动，运动幅度可达160°左右。伸展最大限度是180°，不能做反向运动。

(3) 踝关节。踝关节可做屈伸及微小的伸展。脚面绷直时,可与小腿成一弧线;勾脚时,与小腿的角度可达90°。

八、人体主要肌肉与其作为主动肌的关节动作

人体主要肌肉与其作为主动肌的关节动作如表2-1所示。

表2-1　人体主要肌肉与其作为主动肌的关节动作

身体部位	肌肉	关节动作
手臂	肱二头肌 肱三头肌	肘屈曲 肘伸展
肩部	三角肌	肩屈曲、肩伸展、肩外展
胸部	胸肌	水平肩屈曲、水平肩内收、手臂内旋
上/中背部	斜方肌与菱形肌	肩胛上提和肩胛缩回
躯干前部	腹直肌和腹斜肌	脊柱屈曲与脊柱旋转
躯干后部	竖脊肌	脊柱伸展
臀部	臀大肌	髋伸展和髋外旋
大腿前部	髂腰肌和股四头肌	髋屈曲和膝伸展
大腿后部	后腿腱肌群	膝屈曲和髋伸展
大腿外侧	臀中肌和阔筋膜张肌	髋外展(远离身体中心线的动作)
大腿内侧	髋内收肌群	髋内收(接近身体中心线的动作)
小腿前部	胫骨前肌	足背屈
小腿后部	腓肠肌和比目鱼肌	足跖屈

第二节　普拉提基础理论

一、脊柱中立位

从解剖学的角度来看,在普拉提练习中,脊椎和盆部的自然中立位是指通过人体骨骼肌均衡收缩,以维持脊椎以及骨盆周围压力最为均衡的自然位置。

人体脊柱的自然形态是在人类历史的长期发展中,为抵抗外界的压力和缓解施加在脊柱上的冲击力而形成的。脊柱由24块椎骨(包括7节颈椎、12节胸椎、5节腰椎)、1块骶骨、1块尾骨以及椎间盘、关节和韧带连接而成。人体脊柱结构呈现4个弯曲:颈椎、腰椎是凹面弯曲,而胸椎和骶骨则是凸面弯曲,见图2-8。我们的脊椎从侧面看微呈"S"形,脊椎的中轴位置是处在胸部和腰部有弯曲,腰部轻微向前、胸部轻微向后、颈椎处轻微伸展的状态下。

(一) 脊柱中立位简介

确定脊柱中立位，应确保身体在自然状态下。自然中立的脊柱，骨盆居于骨盆前后倾斜的中间位置，肩胛收缩，尾骨朝下。

脊椎和盆部的自然中立位是相辅相成的，当骨盆处于自然中立位时，核心或内部联合体能稳定脊柱，有助于降低损伤发生的危险并提高动作或练习的效率，有利于动作表现。因此，练习每一个普拉提动作都要求保持脊椎和骨盆的自然中立位——脊柱中立位。

判断脊椎中轴位置是否准确的方法：身体直立靠住墙壁，在自然状态下检查后脑、上背最高点以及骶骨是否沿同一直线贴住墙面，而在颈后和下背部出现两个自然生理弯曲。

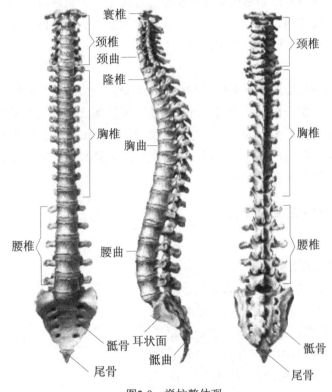

图2-8　脊柱整体观

维持脊柱自然中立位的关键是骨盆也在中轴位置，也可以说，当盆部处于自然中轴，脊椎下部就会自动落入它的中轴位置。我们要找到盆部的自然中立位，可将两手的掌跟置于盆骨前侧上方凸起处，手指尖置于耻骨上，形成一个三角形。这个三角形水平时，盆骨和下背就处于自然中立位。在做每一个普拉提动作时，尽量都保持这个自然中立位。从外形上观察，理想的情况是：从耳朵、肩部、髋部、膝关节到脚踝成一条直线。

(二) 姿势偏差

姿势偏差也就是错误的姿态，是由骨骼构造、关节灵活性、肌肉张力的不对称等因素综合造成的。其中，结构性的问题，即由骨骼和关节构造造成的偏差是很难改变的，而不良习惯所导致的肌肉失衡是相对容易改变的。在动作练习中，脊柱姿势偏差可能造成难度加大或者对练习者造成运动伤害。由于存在个体差异，一定程度的姿势偏差是常见的，普遍的姿势偏差包括以下几种。

1. 脊柱前凸

具体表现为腰椎过度弯曲，后侧骨盆过度倾斜。正常的腰椎是呈凹面弯曲的，但是过度弯曲会导致骨盆倾斜。这类偏差通常是由髋屈肌、背展肌过度紧绷，腹部肌肉无力造成的。通过强化腹部肌肉，伸展髋屈肌、背展肌，可以减轻症状。

2. 脊柱后凸

具体表现为胸椎向后凸出，俗称驼背。脊柱后凸常见于老年人群，可能是由关节炎或骨质疏松导致的。脊柱后凸患者的肩部呈圆形，经常是由胸肌过紧、菱形肌和斜方肌过度伸展造成的，因为要克服颈部的过度弯曲向前看，通常需头部前伸。造成脊柱后凸的其他原因包括肌肉不平衡、脊柱炎症和不良姿势。

3. 脊柱侧凸

具体表现为脊柱侧面的不正常扭曲和旋转，当身体一边的负重增加，但轴心肌肉没有足够的力量来维持盆部平衡时即会发生脊柱侧凸。脊柱侧凸通常发生在胸部区域。这种偏差造成患者一侧肩膀低于另一侧肩膀，也就是常说的"高低肩"，这样会导致练习者的脊柱不能保持中立位。我们可以通过从后面观察两肩或者肩胛骨下缘、臀部下缘是否处于相同的高度来判断是否存在脊柱侧凸。

(三) 确保脊柱中立位的方法

1. 站立姿势——三角法

站立姿势具体见图2-9。

(1) 双脚分开与肩或髋同宽，脚掌贴紧地面。

(2) 膝关节放松，不要锁死，防止过度伸展。

(3) 收紧股四头肌，膝盖向髋关节处提高。

(4) 微微收紧臀部肌肉，尾骨垂直指向地面。

(5) 收紧腹部肌肉，将肚脐向脊柱方向拉近。

(6) 整个脊柱从颈部到骨盆处于理想的中立位。

(7) 把手掌虎口相对水平地放置在下腹部，掌跟放在髂骨上脊处，中间三指相对放在耻骨上与大拇指组成三角形，使耻骨联合与髂骨上脊处于一个平面。

(7) 调整姿势，保持三角形处于垂直面。

(8) 头与肩膀保持在一条线上，眼睛直视前方；肩胛微微下沉，手臂与身体之间稍微拉开距离；从侧面看，从头到脚形成一条直线。

2. 仰卧姿势——三角法

仰卧姿势具体见图2-10。

(1) 膝盖弯曲，双腿分开与髋同宽，双脚平放于地面，脚掌完全贴紧地面。

(2) 肩胛骨、尾骨轻轻下压与地面接触。

(3) 中背部与地面保持一只手掌左右的空隙。

(4) 下颌内收，保持头和脊柱中立位。

(5) 把手掌虎口相对水平地放置在下腹部，掌跟放在髂骨上脊处，中间三指相对放在耻骨上与大拇指组成三角形，使耻骨联合与髂骨上脊处于一个平面中。

(6) 调整姿势，保持三角形处于一个水平面中。想象把水注入三角形中，水不会流出。

图2-9 站立姿势——三角法

图2-10 仰卧姿势——三角法

(四) 脊柱下压姿势

这是一种想象技巧，可帮助练习者在垫上训练时，保持正确的脊柱中立位。在脊柱贴近地面的过程中，想象每一次有一块椎骨(依次)与地面接触，贴近地面就像椎骨贴近沙地一样，可以感受到每一块椎骨都完全接触地面。肩胛、颈后和尾骨稍稍压入地面，始终保持臀部和腿部肌肉放松。

压入技巧可以帮助练习者平衡过度弯曲的脊柱，对缓解慢性背部疼痛具有一定的疗效。

二、身体核心

约瑟夫·普拉提认为，人的身体是一个整体，每一个动作都源自"核心"，拥有一个强壮的身体核心对于我们日常生活中的任何动作都是非常重要的，是开展所有日常活动的基础。一个强壮的身体核心不但能减少发生腰伤、背伤的机会，而且能改善姿势和调准身体的平衡。身体核心是看不见的，但是它非常有力量，当我们走路、跑步、坐下、弯腰或跳跃时，稳定而强壮的核心便在默默地发挥作用。

身体核心包括肩胛、躯干和骨盆，是指一系列构成和稳定身体中心的肌肉。身体核心是身体动力的中心，是身体运动的始点，在普拉提里被称为"身体的能量库"。核心区域的肌肉主要是指环绕我们身体躯干中心的肌肉群，连接于脊椎或腰盆区域，包括腹肌(主要是腹横肌)、多裂肌、横膈肌和骨盆底肌。我们练习普拉提的目的之一就是使这些肌肉协同工作、共同发挥作用。当一组肌肉运动时，另一组肌肉也同时运动，通过几组肌肉群协同收缩使身体核心区域形成刚性连接，以帮助人体更好地实现躯干的稳定以及力的有效传递。

核心稳定的标准是肩胛、躯干肌肉和骨盆能协调工作，并达到静态的平衡，而且在活动时，身体可以保持脊柱中立位。核心部位的强化非常重要，因为身体前侧肌肉与后侧肌肉的不平衡或无力，会导致脊柱弯曲度的异常，造成脊柱姿势的偏差。核心部位的任何一部分没有保持身体中立位，都会导致整个区域偏离中心线。要达到核心稳定，即我们常看到或听到的"凝聚轴心"，练习动作时，在收紧下腹和肚脐的同时，收缩盆腔底肌，以启动深层的腹横肌。盆腔底肌位于盆腔底部，腹横肌是包围下腹和腰部的一条"内层腰带"，训练时应注意把肚脐尽量地向脊柱收紧靠拢。要启动盆腔底肌，要把盆腔底向内向上收紧，感觉有点像憋尿或者提升肛门一样。当我们缓缓收紧盆腔底肌时，腹横肌也会同时收缩，持续收紧下腹。需要注意的是，应保持柔和的收缩状态，如果收得过紧，肌肉会因很快疲劳而放松，达到完全收紧的30%～40%就是凝聚轴心的标准力度。

下面，我们分别对肩胛、躯干、骨盆部位的肌肉和关节动作以及导致其失去稳定性的因素等内容进行具体的说明，便于大家理解身体核心部位的稳定。

(一) 肩胛

肩胛是分成3个区域和3个角度的三角形骨骼。肩胛前部是平滑的且有轻微凹面，与背面的肋骨由一层薄的肌肉分离开来。肩胛后部更加硬实，因为有更多的肌肉与之相连。肩胛的后部与肋骨的后部非常接近，但并不相连，位于肋骨后部外侧。

1. 肩胛的稳定性

肩胛的稳定性是指在负重活动和活动上肢时保持肩胛稳定的能力。肩胛的稳定性能够保证肩胛肱骨在外展和前屈曲动作中保持匀称。练习者可以通过平衡收紧肩内部和外部肌肉来达到中立位，这样肩关节在发挥最佳作用时可以有效保持其中心线。肩胛以及肩关节的活动可以保证手臂在各个方向大幅度地进行运动，肩胛可以为其他动作提供一个强有力的固定姿势。

2. 关节动作

肩胛的关节动作包括：肩胛上提、下压、侧前引(手臂外展)、缩回(内收)和旋前、旋后。在日常生活中，肩胛的活动往往通过肩关节伴随手臂活动。当手臂在某一个特定位置和方向活动时，肩胛会调整到一个最佳支撑点的位置来使肱骨保持中心线，这样可以避免受伤。肩带本身的活动性非常强，要求肩部肌肉的收紧度达到平衡。其中，较为重要的有斜方肌(见图2-11)、菱形肌(见图2-12)、前锯肌(见图2-13)。

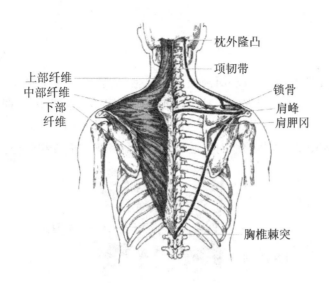

图2-11 斜方肌

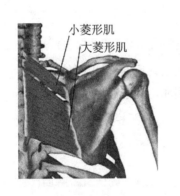

图2-12 菱形肌

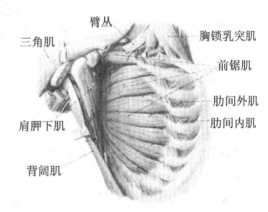

图2-13 前锯肌

3. 导致肩胛失去稳定性的原因

(1) 无力的内部肌肉，具体表现为：
- 肩胛松动；
- 背部难以保持平展；
- 前锯肌不够强壮，无法支持肩胛前引。

(2) 大肌肉群的不平衡，具体表现为：
- 做侧面动作的时候，无法保持身体中心线以及背部中心线；
- 背阔肌、菱形肌和斜方肌中下部拉长和无力，前锯肌、肩胛提肌、上斜方肌紧绷与缩短；
- 背部姿势偏差。

(二) 躯干

1. 腹部肌肉群

腹部肌肉群(见图2-14)由数层肌肉组成，包括4对肌肉，这些肌肉位于肋骨腔和骨盆之间。当它们同时收紧时，肚脐向脊柱方向收紧，深层的腹横肌也得到收缩。腹肌坚实有力，当我们做任何运动时都可以提供一个可靠的支撑。腹横肌不能自动参与运动，但腹横肌通过压腹可得到锻炼。锻炼腹肌时，应将整体锻炼和孤立锻炼相结合。

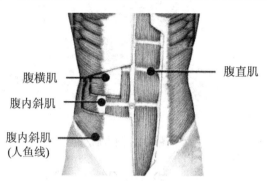

图2-14 腹部肌肉群

(1) 腹直肌。参与的关节动作：脊柱屈曲，帮助脊柱侧屈。
(2) 腹外斜肌。参与的关节动作：脊柱屈曲、脊柱侧屈、反向脊柱旋转。
(3) 腹内斜肌。参与的关节动作：脊柱屈曲、脊柱侧屈、同向脊柱旋转。
腹内斜肌的肌肉纤维是水平的，因此做脊柱旋转动作时有一定的生物力学优势。
(4) 腹横肌。可通过压腹吸气来锻炼。

2. 竖脊肌

从颈椎到骨盆，脊柱前后分别有3对肌肉：髂肋肌(最内侧)、最长肌、棘肌(最内侧)。竖脊肌参与的关节动作有：脊柱伸展、脊柱侧屈、脊柱向前屈曲、脊柱向后伸展。

3. 导致躯干失去稳定性的原因

(1) 无力的内部肌肉。
(2) 在练习侧面姿势的时候，无法把肚脐上拉。
(3) 大的肌肉群不平衡。
(4) 背部姿势偏差。

(三) 骨盆

骨盆是圆柱体结构，由一些相连的骨骼、肌肉和韧带组成。

1. 髂腰肌

髂腰肌(见图2-15)指腰肌和髂肌。腰肌和髂肌深入股骨的转子中，它们有共同的腱。腰肌附着于每块腰椎的椎骨和软骨之间，而髂肌则生长于髂骨的内表面与骶骨的内表面。虽然腰肌和髂肌总是合在一起被称为髂腰肌，但髂肌对脊柱的作用没有腰肌那么大，腰肌是主动肌。

髂腰肌参与的关节动作有：髋屈曲、髋外旋。

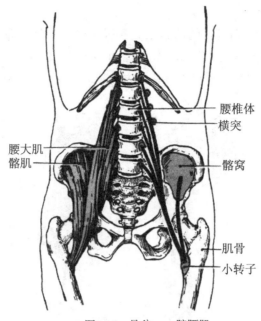

图2-15 骨盆——髂腰肌

2. 腰方肌

腰方肌是指位于髂肋肌下部和脊柱两侧的一层平坦的肌肉纤维(见背部肌群),是真正的脊柱侧屈肌。

腰方肌参与的关节动作有:同向脊柱屈曲,两侧肌肉都收缩时,下压(横膈膜收缩)。

3. 侧(外)髋旋转肌

侧(外)髋旋转肌(见图2-16)由6块独立的肌肉组成:梨状肌、闭孔内肌、闭孔外肌、上孖肌、下孖肌和股直肌。这6块肌肉无法用手触摸。外旋时臀大肌参与运动。最重要的外旋肌是梨状肌。很多人髋部自然外旋,因此影响站姿及其他姿势,导致其他肌肉代替梨状肌在髋外旋中发挥作用。但紧绷的髋旋转肌会导致肌肉不平衡,引发背部偏差和背部问题。

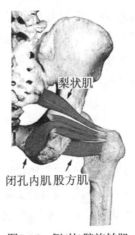

图2-16 侧(外)髋旋转肌

4. 内髋旋转肌

内髋旋转肌(见图2-17)包括阔筋膜张肌和臀小肌。阔筋膜张肌在髋外展中起辅助作用，而臀小肌在所有髋关节运动中都起作用(屈曲、伸展、外展、外旋)。这两块肌肉除了可以作为主动肌参与运动以外，还可以从各个方向拉动，从而可以作为许多运动的固定肌。

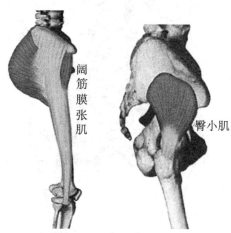

图2-17　内髋旋转肌

5. 骨盆的稳定性

骨盆的稳定性是指当下肢或上身运动时，保持骨盆中心线的能力。导致骨盆失去稳定性的因素有以下几个。

(1) 无力的内部肌肉。

(2) 大的肌肉群不平衡。

(3) 背部姿势偏差。

三、普拉提呼吸方法

呼吸是普拉提运动中的重要因素，完全和充分的吸气和呼气是普拉提练习的一部分。研究证实，呼吸和我们的健康息息相关，我们甚至可以通过呼吸的长短，以及呼吸的模式来判断一个人当前的健康状况。正确的呼吸方法可以帮助我们提升身体的整体健康水平，而不当的呼吸会给疾病的发生埋下隐患。协调、深沉和有意识的呼吸模式，是我们身体需要的，有助于激发深层肌肉的收缩，增强练习的灵活性，增大肺活量并且使注意力集中。在普拉提练习中，呼吸具有使大脑清晰和清洁身体的作用，更重要的是，有助于动作的完成。

(一) 呼吸系统

呼吸中起主要作用的肌肉是横膈肌、肋间肌、腹横肌。起辅助作用的肌肉包括胸锁乳突肌、斜角肌、菱形肌、胸小肌。当横膈膜下沉，肺部充满气体时，这些肌肉开始发挥作用。

(1) 横膈肌。它是参与呼吸的主动肌，呈圆屋顶形状，位于胸腔内部，像一个降落伞一样把胸腔和腹腔分开。吸气的时候，横膈膜不仅上下活动，而且像扇子一样分开向外扩展。

(2) 肋间肌。它由两组肌肉组成，每组都与邻近的肋骨相连并处于肋骨之间的缝隙中。位于内侧的肋间肌的纤维是沿着肋骨的凹面分布的，纤维走向是向下和向后分布到下侧肋骨的上接面；位于外侧的肋间肌纤维走向则沿着下侧的肋骨向下和向前分布。

(3) 腹横肌。它是4块腹部肌肉中最深层的肌肉，肌肉的纤维走向是沿水平方向分布。腹横肌在缩腹、固定、强制性吐气和分娩时收缩。

(4) 胸锁乳突肌。它是最大、最重要的颈部前部肌肉，它在强制性吸气中最活跃。

(5) 斜角肌。它连接颈椎和最上端的肋骨。

(6) 菱形肌。它是位于上背部的菱形肌肉。上菱形肌参与肩胛上提和上旋动作。这些肌肉会因为效率低的呼吸方法而变得紧绷。

(7) 胸小肌。它连接肩胛和肋骨，参与肩胛下压和下旋动作。通过强制性吸气，可以提升第3块、第4块、第5块肋骨。

(二) 普拉提呼吸方式

普拉提练习中的呼吸技术叫"横向呼吸法"，也称"肋间呼吸法"或"胸式呼吸法"，即通过鼻腔或口腔吸气，沿着喉腔进入肺部，从而给胸腔充气，空气在肺部内部循环，促使氧气和身体内部的废物及二氧化碳交换；然后经过口腔吐气，吐气是强制性的。强制性吐气能动员所有的腹部肌群，通过收紧腹斜肌，使动作和呼吸协调。"横向呼吸法"能够协助我们的身体核心向内收缩，是普拉提练习中常用的、经典的呼吸方法。

1. 横向呼吸法

坐或站直或仰卧，置双手于胸腔两侧肋骨旁。吸气时，见图2-18，胸腔横向扩张，肋骨向两侧横向打开，感觉肋骨的移动，但腹部不要鼓起，并保持下腹部的核心肌肉适度收缩，肩部保持下沉、放松，注意手指之间的扩展；呼气时，见图2-19，尽量将胸腔下陷进身体，感觉两侧肋骨向中央移近，手指尖的距离缩短。可进行重复练习。

图2-18 吸气

图2-19 呼气

2. 横向呼吸练习方法

(1) 坐姿，以脊柱中立位开始，想象吐气时，可以使面前的镜子起雾(吐气是热的)。

(2) 仰卧，呈双"V"姿势，以脊柱中立位开始。吸气时，想象按由下至上的顺序让肺部充满空气；吐气时，想象可以使面前的镜子起雾(吐气是热的)。

(3) 仰卧，呈双"V"姿势，以脊柱中立位开始。吸气时，一只手放在上腹部，另一只手放在下腹部。自然呼吸时，吸气时上腹部变平，吐气时上腹部下沉。然后换另外一种方式呼吸，这一次确保腹部静止(无膨胀和下沉的动作)，想象气息由后面和侧面充满肋骨部分，把气息放在肺部而不是腹部。

(三) 正确呼吸的益处

(1) 可以为身体提供氧气，洗涤、净化身体，让每个细胞都沐浴在氧气中，使我们的身体更健康。

(2) 可以帮助身体排除毒素。

(3) 我们需要氧气来维持生存，因此常常会吸入过多的气体，而吐出少一些的气体，从而导致一些废气在肺部底部积存。通过完全的吐气(吐气直至无法呼吸)，可清除积存在肺部的废气。

(4) 采用横向呼吸法时，可通过横膈膜升降变换内脏的位置，从而按摩内脏。

(5) 练习动作时伴随呼吸有助于扩大活动范围。

(四) 普拉提练习呼吸的注意事项

普拉提练习运用横向呼吸法，能促成正确的动作模式，能协助我们在运动的同时保持腹部收缩内曲，同时让肺部最大限度地吸纳氧气。

(1) 在普拉提练习中，每一个动作都有呼吸的提示，要集中注意力，有所控制，准确地呼吸，并与动作协调地结合在一起。即使没有提示，也要学会运用呼吸。

(2) 针对不同的训练动作和训练目的，呼吸模式和节奏应有所变化。

(3) 做动作时，讲究呼气的深度，速度不宜太快，应与动作的速度基本一致，练习时不要憋气。运动时注意呼气，静止时注意吸气，这样可以缓解因肌肉用力给身体内部带来的压力。通过控制呼吸，把注意力集中在呼吸上，可降低我们对肌肉酸痛的敏感度。

四、普拉提基本术语

(一) 凝聚轴心(Core)

轴心或力量区域是指一系列构成和稳定身体中心的肌肉。这些肌肉包括腹肌(尤其腹横肌)、横膈肌和盆腔底肌。一个强壮的轴心不但能减少背伤的机会，而且能改善姿势、调准身体平衡。

要达到良好的轴心稳定，需要在收紧下腹的同时，把肚脐尽量地向脊柱方向收紧靠拢，同时把盆腔底部向内向上收紧，感觉有点像憋尿一样，以启动深层的腹横肌，保持下腹的持续收紧，这种收缩要尽量向上和向内，以靠近脊骨，见图2-20。盆腔底肌位于盆腔底部，而腹横肌是包围下腹和腰肢的一条"内层腰带"，当我们缓缓抽紧盆腔底肌时，腹横肌就会同时收缩。需要注意的是，要保持柔和的收缩状态，不要用尽全力收缩，达到完全收紧的30%～40%就是凝聚轴心的标准力度。

图2-20　凝聚轴心

(二) 轴心盒子(Torso Box)

幻想有4条直线，将两侧肩膀和两侧盆骨相连，这样躯干就形成一个方形的"盒子"，这个"盒子"是身体调准和对称的提示，见图2-21。做每一个普拉提动作时，不妨问问自己："我的'盒子'方正吗？"很多人都会习惯性地使用身体一侧，甚至可以留意到自己的身体侧倾或旋向一边。做各种日常活动时，也会经常感觉身体一边比另一边更容易操控。普拉提练习可以帮助我们更清晰地意识到这些不平衡，进而纠正并调准它们。

图2-21　轴心盒子

(三) 沉肩(Shoulders Down/Set)

肩部结构主要包括三个重要关节：胸锁关节、肩锁关节和盂肱关节。它是身体中较为复杂的解剖结构之一，同时也是较容易受伤和造成功能障碍的部位之一。在普拉提练习中，我们不仅关注肩部的灵活性，也强调关节稳定能力的发展。

在人体自然状态下，"沉肩"就是让肩膀下沉并放松。而当肩臂部处于支撑位置的时候，"沉肩"则意味着包围肩带的各组肌肉协同收缩，使肩带稳定并处于中立的位置。沉肩的姿势能缓解肩颈部过度的紧张感，拉伸颈部及增强后背的力量。在普拉提练习中，由于肌肉用力或承受压力身体常出现代偿现象，练习者常常无意识地出现肩部上耸和前移，从而导致脖子和肩部酸胀或僵硬，影响动作的锻炼效果。因而，在练习过程中，时刻关注肩膀的位置，反复强调"沉肩""肩胛放松"等要点，具有非常重要的意义。

很多人都会在颈部和肩部积聚压力，加上不良的姿势，例如长时间坐在电脑前，拱起背、头前伸，久而久之，形成圆拱又绷紧的上背。普拉提练习强调利用中背肌肉使肩下沉，以助拉直上背。

我们可以通过一个小小的运动来练习沉肩。见图2-22，开始时，耸起双肩，放下数次。应注意当耸肩时，肩胛骨尖向外移；当肩膀下放时，肩胛骨尖往下和往内收。我们可利用这个动作来固定肩膀的位置。当肩胛骨尖向下背的中线下沉时，我们会感到脖颈自然地延伸，肩颈的压力和绷紧感自然地消退。

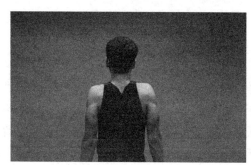 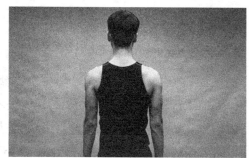

图2-22　沉肩

(四) 下巴抵进胸前(Chin into Chest)

多数的垫上普拉提动作都是在仰卧姿势中抬起头和手脚。正确的头部位置对于增强腹肌控制和减小颈部压力十分重要。

下巴抵进胸前是指当仰卧抬起头部时，头应该提起向前至锁骨上，下巴应抵进胸骨，下巴和胸骨之间应保持约一个拳头的距离，视线则固定于轴心位置，见图2-23。这个动作有助于我们在运动时用眼睛检查躯干和双脚的位置是否准确。很多练习者常犯的错误是下巴过于贴近胸骨，或者头不自觉地后仰，因而会感到颈部疼痛。

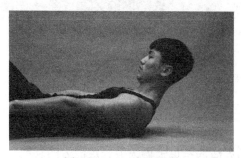

图2-23　下巴抵进胸前

(五) 延伸脊椎和四肢(Lengthening the Spine and Limbs)

在普拉提练习中，老师或教练经常让学生"拉长脊柱""长高一点"，想象及感受身体向上拉长的感觉。研究显示，只需要简单的口头指示，参与者就可以真的延伸脊柱，减小脊椎间的压缩。其中，有两个方法能帮我们"长高"：一是增加骨盆和胸腔之间的距离，就是练习中常常提示的"立腰"；二是将头部拉离尾骨的方向，就是通常所说的"梗头"。当我们学会"长高"的方法后，还要学会保持这个高度，最终形成一种日常习惯，见图2-24。

延伸四肢，有助于缓解关节的压力，伸展关节周围紧张的肌肉，增强四肢的肌肉力量。练习时要注意肢体的准确度，不要锁住手肘和膝盖关节。

图2-24 延伸脊椎和四肢

(六) 卷动脊椎(Rolling/Peeling the Spine)

卷动脊椎是指在完成普拉提的一些脊椎相关动作时，将脊椎一节一节、清晰有序地卷曲或伸展，见图2-25。一条健康的脊椎不但要强壮，而且要柔软，具备一定的灵活性。垫上普拉提的很多动作都注重脊椎的逐节平均活动，我们通常会用"卷动脊椎"和"逐节地抽离"这些字眼，来清晰地说明脊椎受控的活动模式。

图2-25 卷动脊椎

(七) 普拉提站姿(Pilates Stance)

普拉提站姿是在普拉提练习中双腿和双脚的一种姿态。普拉提站姿始于骨盆区域，收紧臀部，大腿后侧互相贴紧，髋关节带动两腿外旋，双脚脚跟并拢，脚尖打开呈"V"字形，小腿和双脚则保持放松、延伸，见图2-26。

普拉提站姿能够协助身体核心向内收缩，并能改善臀部及大腿内侧松弛的现象。

图2-26 普拉提站姿

(八) 整合(Integration)

普拉提是西方国家中第一个"全身心"的健身体系,"全身心"意味着把身体作为一个整体来考虑,而不是将身体分为毫不相关的各个部分。

普拉提运动的活动模式要求我们不仅把注意力集中在活动中的一组肌肉或区域上,还要求我们扩大集中范围,连静止中的身体部分也要留意,并意识到身体活动其实是整合性的活动。只有这样,我们的动作才能更有效,我们的身体才能达到真正的平衡。

第三节 普拉提基本原则

任何运动体系都有其训练哲学和原则,约瑟夫·普拉提在其著作《Return to Life Through Contrology》中提出了"控制学"的理论,详述了普拉提背后的原则和哲学,具体可归纳为以下几大原则,即专注(Concentration)、控制(Control)、核心(Centering)、呼吸(Breathing)、准确(Precision)、流畅(Flow)。在普拉提练习中,了解和运用这几大原则,能够保证和提高训练质量,起到事半功倍的作用。

一、专注

在普拉提练习中,集中注意力非常重要,所有运动都应通过意识加以控制,反之有意识地控制动作能够有效地提高身体意识。通过刺激大脑的运动神经区来开始身体的运动,运动区通过接收小脑输入的信息,基于接收到的外部指令来按计划实施动作。在这个过程中,让意识参与运动非常重要,有助于达到身心结合。唯有专注才能把意识和身体连接起来,感受到每个动作的细节和微妙的变化。训练时要集中注意力,静静"聆听"身体的感觉,不断调整姿势,以减少伤害、提升控制力和流畅性。

二、控制

普拉提是一种整体运动，控制是指在整个动作练习中，我们的大脑和神经系统能够调动适当的肌肉，保持正确的动作、合理的运动链排列和适当的用力。普拉提训练要求我们完全实现肌肉控制，没有不经意和随意的动作，需要专注地去控制每一个动作的每一面。这种要求不仅适用于大幅度的肢体动作，而且适用于头部、手指和脚尖的动作，以及躯干的弯曲和伸展、腿的旋内和旋外等动作。

简言之，在普拉提练习中，每一个动作的起始都需要运用控制力。当身体达到某一个姿势时，要用控制力来维持。实施每个动作都要有控制性，不要依赖惯性，而这些动作的控制仅靠大块的和主要的肌肉是不够的，必须有深层的和常常被忽略的小块肌肉共同参与，从而达到平衡和躯干中立位，进而保持躯干稳定。久而久之，我们的肌肉就会变得强壮而有韧性，体型也会越来越好看。

三、核心

垫上普拉提练习的重点在于稳定躯干部位。强化躯干可以向四肢传递力量，减小对关节和韧带的压力。约瑟夫·普拉提把位于我们身体核心的腹部、腰部、髋部和臀部等肌群称为"力量源泉"，所有普拉提动作都源于这个"力量源泉"。换言之，普拉提的每一个动作，起点都在躯干和骨盆。发展一个强壮稳定的核心，就能够更自如地控制四肢，从而使身体的其他部分更有效地工作。可以这样说，没有核心控制的普拉提动作就不是真正的普拉提练习。有意识地收缩身体核心的肌肉、维持稳定而有力的核心，是所有动作的基础。研究表明，通过肌电图来表示肌肉运动，所有的腹部肌肉或腹部肌肉的不同区域都会参与大部分的身体运动，这也说明躯干部肌肉力量的重要性。

四、呼吸

呼吸是普拉提练习的必要组成部分。垫上普拉提的训练，应关注呼吸技巧，运用横膈膜呼吸法，吸气后，随着动作变换，通过口腔实施强制性呼气。练习普拉提时，应由呼吸引导动作，而不是由动作引导呼吸。约瑟夫·普拉提认为，在练习中，应当在吐气达到觉得喘不上气的程度时，再吸入干净新鲜的空气使其充满整个肺部。当我们专注或紧张的时候，会不自觉地屏住呼吸，其实这会令我们更加紧张，会降低灵活性和反应力。呼吸对任何运动都十分重要，适当运用呼吸对正确完成普拉提动作至关重要。在普拉提练习中，常有憋气的现象，这会在身体上引起紧张的积累，并且妨碍肌肉的氧气供给，降低肌肉的工作能力。在普拉提练习中，配合正确的呼吸，将呼吸融入每一个动作里，能够激发我们的腹腔肌肉，增加肺活量，促进体内的氧气交换。同时，正确利用深度的呼吸，还可排出滞留在体内的废物，释放压力。

五、准确

普拉提练习强调准确，要求每一个动作的每一个细节都能非常准确地完成。垫上普拉提练习始终关注的是每个动作完成的质量，而不是重复的数量。正确地实施可以确保锻炼的效果，如动作不准确，锻炼效果就会"大打折扣"。垫上普拉提练习的每一个动作都是有目的的，身体的每个部分都在动作的实施中起到重要的作用，每一个提示对练习的成功都是极其重要的。要准确完成动作，就要把注意力集中到运动中，集中精神不断做出细微的调整，会令我们产生不同的感觉。

六、流畅

垫上普拉提的动作，通常从一个姿势流畅地过渡到下一个姿势，没有静态的动作，都是动态的控制。练习者可将呼吸和动作相结合，提高控制性和动觉感知，确保从一个动作顺畅地过渡到下一个动作。普拉提的流畅不仅体现在单个动作的练习上，而且要求动作和动作之间的衔接也要流畅。普拉提是优雅和精致的，讲求平稳和持续的动作而不是忽快忽慢地重复。但流畅不等于速度，而是讲求连续性，力求动作流畅、速度均匀。流畅可使动作柔和优美，看起来赏心悦目，同时具有功能性，使我们的身体和运动方式成为协调统一的整体。

第四节　垫上普拉提课程的训练要素

一、力量与稳定性

垫上普拉提课程的重点在于通过把深层肌肉作为固定肌来锻炼，以提高核心躯干部位的稳定性，同时提高肌力和肌肉耐力，最终使身体姿势和中轴位置得到改善。通过锻炼，最终可获得肌肉的对称平衡，缓解对关节的压力，同时把核心部位的力量传输到运动的四肢中。另外，也可以降低由于肌肉无力或不对称可能引起的受伤机率。

二、柔韧性与动作范围

柔韧性训练可以扩大关节的活动范围，提高身体的柔韧性，还可以降低受伤机率，提升运动表现。练习垫上普拉提的目的是延展和拉长肌肉，每个动作都有最大和最小的动作幅度限制，要因人而异。每个练习者的体型、肌力和柔韧性状况不同，要根据自己的身体能力来确定动作范围，动态伸展动作要有控制性，不要有惯性。

三、正确的身体中立位

正确的身体中立位对于垫上普拉提练习至关重要。老师教授和给出正确的身体中立位的提示，可以帮助练习者在日常生活中也保持正确的姿势和身体中立位。保持身体中立位是正确实施每个动作的前提，可以确保练习者锻炼到他们的目标肌肉，还会降低受伤机率。应注意，垫上普拉提的练习重点在于动作的质量，而不是动作的数量。

四、平衡性

平衡性是通过整个身体和肌肉的协同锻炼达到的，可分为以下几种。

(1) 对称平衡。对称平衡是通过对抗肌肉群(前部和后部肌肉)以及两侧肌肉(左边与右边)平衡达到的，是确保身体姿势正确的基础。

(2) 肌力与柔韧性的平衡。这可以通过延展紧绷的肌肉和强化微弱的肌肉来实现。

(3) 主动和被动的平衡。每个动作都有最大和最小的活动范围的限制，教学时要让练习者了解可以通过加大拉伸幅度来使动作更具挑战性。每个动作都向身心提出平衡性的挑战，练习者可以感受到动作的挑战性，但不要强迫身体做任何姿势。如果练习者保持一个姿势时间过长，就会导致不平衡的情况发生。改善身体平衡性或纠正身体不平衡是普拉提教学中必不可少的一部分。

五、协调性和身体知觉性

为实现协调性和身体知觉性，在练习中应把注意力与动作结合起来。在练习时着重提高身体知觉性和注意力，可以使日常生活中的注意力水平有所提高；通过认知和强化核心支撑系统，可以使我们在日常生活中更有效地活动，使散步、园艺、上下楼梯及其他日常活动变得更轻松，输入大脑的血液也会增加，从而使大脑更清醒、思维更灵敏。

第三章　普拉提垫上动作

普拉提是一种周期性的动态练习，所有的普拉提动作都有明确的练习目的。普拉提练习注重动作的运动面和身体在空间中的运动，每一个动作通常重点练习身体的一个或两个方面。因此，充分了解每一个动作是非常必要的，只有这样才能使我们的练习更安全、更有效。

在这里，我们按动作特征及起始时躯干的姿势，将普拉提垫上动作分为仰卧(撑)系列动作、俯卧(撑)系列动作、侧卧(撑)系列动作、坐姿系列动作4种基本类型。

本章将按照以上4种基本类型从动作方法、注意事项、锻炼功效、动作变化及动作一览图5个方面介绍普拉提单个动作。

第一节　普拉提仰卧(撑)系列动作

一、仰升上体(Curl Up)

(一) 动作方法

(1) 仰卧，屈膝并腿，脚掌平放在地面上，脊椎处于自然中立位，两臂置于身体两侧。

(2) 吸气，将肋骨向两侧打开，躯干保持不动，注意不要耸肩；呼气，将肋骨往下滑动，收缩腹部，提起头和肩部，直至抬离垫面，同时提起双臂与地面平行，目视前方或肚脐方向，注意盆部位置和身体轴心的凝聚。

(3) 吸气，躯干保持稳定不动，腹部内曲；呼气，将背脊缓缓躺回垫上，回到动作开始的姿势。重复3～5次。

(二) 注意事项

(1) 练习时切勿将盆骨抬离地面，应保持自然中立位。
(2) 双臂伸直，由指尖延伸出去。
(3) 保持背部平坦，适度收紧腹部肌肉，保持肩膀下沉放松。
(4) 颈部和肩膀有伤者避免练习此动作。

(三) 锻炼功效

能够有效加强腹肌力量，并增强骨盆的动态稳定性。

(四) 动作变化

将两手放在胸前交叉或置于头后，身体核心和腹部用力，保持注意力集中。

(五) 动作一览图

二、百次拍击(The Hundred)

(一) 动作方法

(1) 仰卧，双手置于身体两侧，抬起双腿，屈膝屈髋呈90°角，脚趾稍高于膝盖。

(2) 吸气,做准备;呼气,凝聚身体轴心,向上抬起头和肩,双臂抬起与地面平行,保持腹部收缩内曲,沉肩(见仰升上体)。

(3) 吸气,上下摆动双臂5次;呼气,上下摆动双臂5次。吸5次、呼5次为1组,持续动作直至50次(即5组),慢慢增至100次(即10组)。

(4) 完成后,按顺序将肩、头以及双臂放回垫上。

(二) 注意事项

(1) 练习时请勿将盆骨抬离地面，注意保持自然中立位。
(2) 有节奏、有力地摆动双臂，幅度约20厘米。
(3) 练习动作过程中保持背部平坦，腹部收缩内曲，沉肩。
(4) 椎间盘突出者谨慎练习或避免练习此动作。

(三) 锻炼功效

强化腹肌，收紧腰腹部核心，加强呼吸和动作的协调，提升躯干稳定性。

(四) 动作变化

(1) 两脚平放在地上。

(2) 两腿伸直指向天花板。

(五) 动作一览图

三、长驱席卷(Roll Up)

(一) 动作方法

(1) 仰卧，双手置于身体两侧，屈膝并拢，脚掌平放在地面上。

(2) 吸气，抬起头部和肩部，将下巴抵进胸前，凝聚身体轴心，将脊椎逐节抬离垫子。

(3) 呼气，躯干卷曲并越过臀部的同时，伸直夹紧双腿，保持上半身的弧线，手臂前伸，收腰，把肚脐拉向脊椎。

(4) 吸气，收紧腹部，同时微微收臀，保持背部的弧线，慢慢舒展脊椎使其逐节向下，同时双腿至屈膝状态。

(5) 呼气，有控制地将脊椎逐节地落回垫上，还原至预备的姿势。重复4～8次。

(二) 注意事项

(1) 练习时切勿让肚子凸出，卷体时要保持腹部收缩内曲。
(2) 躯干提起时保持背部的弧线，两肩不要耸起。
(3) 椎间盘突出者谨慎练习或避免练习此动作。

(三) 锻炼功效

有效加强腹肌力量，收紧腰腹部线条，同时增强脊柱的柔韧性和关节灵活性。

(四) 动作变化

(1) 以手辅助。

(2) 直腿伸臂。

(五) 动作一览图

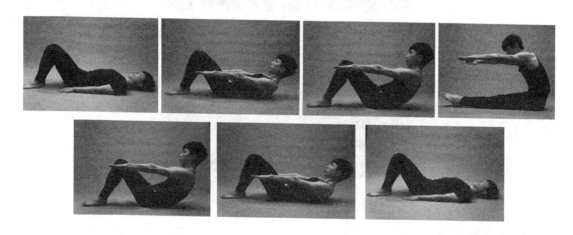

■ 四、引颈前伸(Neck Pull)

(一) 动作方法

(1) 仰卧，双手交叠放在头后，肘关节打开，双腿伸直分开与臀同宽，勾脚尖，脚跟前蹬。

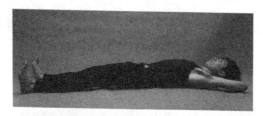

(2) 吸气，收缩腹部，抬起头部和肩部，凝聚身体轴心，脊椎逐节抬离垫子。

(3) 呼气，躯干卷曲前伸直到躯干位于腿的上方，把肚脐拉向脊椎，保持肘关节外展，脚跟前蹬。感觉头顶被拉进对面的墙壁，同时有另一个人抱住你的腰向后拉。

(4) 吸气，收紧腹部，躯干逐节地卷起脊椎，回到背部挺直的坐立姿势，想象自己的背部抵靠在墙上。始终保持肘关节打开，双腿伸直紧贴地面。

(5) 呼气，收缩腹部，将尾骨稍向前收，从尾骨开始向后卷退，背部形成弧形，逐节还原至预备的姿势。重复4～8次。

(二) 注意事项

(1) 练习动作过程中，不要用手硬拉头部，而要利用身体腰腹部核心来引导动作。
(2) 始终保持腰腹收缩，保持肘关节打开，双腿伸直紧贴地面。
(3) 动作要流畅、有控制。
(4) 颈部、肩膀、下背部受伤者或椎间盘突出者谨慎练习或避免练习此动作。

(三) 锻炼功效

逐节拉伸脊椎，增强脊柱的柔韧性和关节灵活性，促进腰腹核心力量的增强和控制能力的发展。

(四) 动作变换

(1) 手臂动作变换，双臂保持前举的姿势。

(2) 完成步骤(4)后，首先保持背部完全挺直，腹部收紧，向后慢慢倾斜至你能够控制的最大角度，然后逐节还原至预备姿势。

(五) 动作一览图

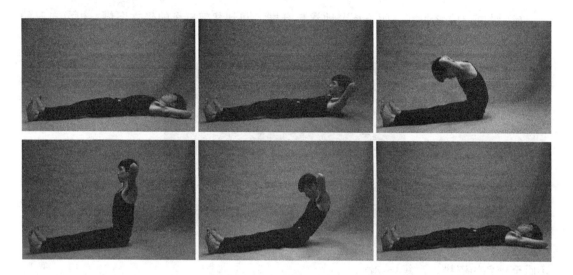

五、单腿画圈(Single Leg Circles)

(一) 动作方法

(1) 仰卧，双手置于体侧，屈膝(或腿伸直)，抬起右腿至大腿与脊骨保持90°角，同时骨盆保持自然姿势。

(2) 吸气,右腿向内移动至身体的另一边,保持骨盆稳定。

(3) 右腿在空中向下呈弧状画圈至身体的中线。

(4) 呼气,把腿继续向右打开画圈至开始的位置。每个方向连续画大圆圈5次,然后交换左腿重复画圈动作。每条腿每个方向重复5次。

(二) 注意事项

(1) 画圈时骨盆不能前后左右移动,通过收紧腹部肌肉带动腿的动作。
(2) 根据个人身体情况,调整动作幅度和姿态。

(三) 锻炼功效

加强髋关节的灵活性,提高骨盆区域的稳定性。

(四) 动作变化

(1) 抬起的腿可以微微弯曲。
(2) 固定的腿保持伸直。

(3) 在保持骨盆水平且稳定的前提下,增大画圈的幅度。

(五) 动作一览图

六、单腿屈伸(Single Leg Stretch)

(一) 动作方法

(1) 仰卧,双手置于体侧,屈膝,抬起双腿靠近胸部,大腿与地面成90°角。

(2) 收缩腹部,向上提起头、颈、肩(见仰升上体);沿60°角伸直右腿,右手置于左膝内侧,左手放在脚踝上方,肘关节微微打开。

(3) 吸气,将左膝往胸前再拉近一点,交替手脚姿势;持续交替双脚,吸气做1组,呼气做1组。交替双腿,做5~10组。

(4) 动作结束后,将肩、头和手放回垫上,恢复至仰卧姿势。

(二) 注意事项

(1) 保持躯干稳定，不要左右摆动；头不要后仰，沉肩，头和肩的高度始终不变。
(2) 注意呼吸节奏与动作的配合。
(3) 如果肩颈有问题，可省略仰升上体动作或卷一条毛巾放在头后。
(4) 椎间盘突出者谨慎练习此动作。

(三) 锻炼功效

提高骨盆的稳定性，增强核心控制力，强化腹肌，提升身体的协调性。

(四) 动作变化

(1) 调整伸腿的角度，角度越大，对于核心控制的要求就越低，反之则越高。

(2) 使用辅助器材或变换手臂的位置等。

(五) 动作一览图

七、双腿屈伸(Double Leg Stretch)

(一) 动作方法

(1) 仰卧，屈膝，抬起双腿靠近胸部，大腿与地面成90°角，双手置于膝盖两侧，向上提起头、颈、肩(见仰升上体)。

(2) 吸气，双腿以60°角向前伸展，同时双手伸向对面的墙壁，由指尖伸延出去，手臂与地面平行。

(3) 呼气，两腿收回到胸前，双手置于膝盖两侧。重复5～10次。完成后，将肩、头和手放回垫上。

(二) 注意事项

(1) 保持躯干核心稳定，头不要后仰，沉肩，头和肩的高度始终不变。
(2) 注意呼吸节奏与动作的配合。
(3) 如果肩颈有问题，可省略仰升上体动作或卷一条毛巾放在头后。
(4) 椎间盘突出者谨慎练习此动作。

(三) 锻炼功效

强化腰腹部核心力量，协调神经肌肉，提高骨盆的稳定性和核心控制力。

(四) 动作变化

(1) 调整伸腿的角度，角度越大，对于核心控制的要求就越低，反之则越高。变换手臂动作的路线和方向。

(2) 使用辅助器材或变换手臂的位置等。

(五) 动作一览图

八、"V"形悬体准备(Teaser Preparation)

(一) 动作方法

(1) 仰卧,双手置于身体两侧,屈膝并拢,脚掌平放在地面上,两臂上举。

(2) 吸气,双臂向上指向天花板,下颚微收,头和肩抬离垫子。

(3) 呼气的同时,脊椎逐节抬离垫子,直到维持腹部收缩内曲的角度,成"V"形姿势,固定这个姿态,并缓慢地吸气。

(4) 呼气时慢慢地将脊椎逐节屈曲向后,有控制地还原到开始姿势。重复4~6次。

(二) 注意事项

(1) "V"形悬体系列练习是普拉提的经典系列之一，强调控制力和身体各部分的协调能力。练习时始终保持对动作的控制，不要利用惯性。

(2) 下背部、骶髂关节有损伤者及椎间盘突出者避免练习此动作。

(三) 锻炼功效

增强腰腹部和腿部肌肉群的力量，增强身体的平衡感、协调性和控制能力。

(四) 动作变化

(1) 将膝盖弯曲，两脚掌平放在地面上，然后伸直一条腿完成动作，重复一定次数后换另一条腿。

(2) 仰卧，膝盖弯曲，两脚抬离地面完成动作。

(3) 使用辅助器材，如拉力带、魔力圈等。

(五) 动作一览图

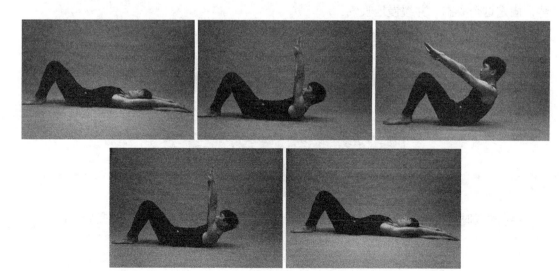

九、"V"形悬体(Teaser)

(一) 动作方法

(1) 仰卧，屈膝，抬起双腿靠近胸部，小腿与地面平行，两臂上举，脊椎保持中立位。

(2) 双腿向上伸直，然后慢慢下落至约与地面成60°角，维持身体轴心的凝聚，背部贴于垫上。

(3) 吸气，手臂指向天花板；呼气，收缩腹部，脊椎卷离垫子，带动手臂指向脚趾。

(4) 将躯干提至"V"字形态，双臂与腿平行；吸气，保持"V"形姿势不变。

(5) 呼气，控制躯干逐节地把脊椎卷回到垫上，保持腿部悬在原位，平躺于垫上，手臂上举；保持悬腿，重复步骤(3)～(5)。重复4～8次。

(二) 注意事项

(1) 注重力量、柔韧、平衡的协调，有控制地卷起卷落。
(2) 避免依靠惯性强行抬起躯干。
(3) 下背部、髋屈肌群和骶髂关节受伤者避免练习此动作。

(三) 锻炼功效

增强腰腹部和腿部肌肉群的力量，增强身体的平衡感、协调性和控制能力，强化身体深层核心肌肉。

(四) 动作变化

(1) 如果难以达到"V"形姿势，可以稍微弯曲膝盖。
(2) 难度升级，抬起双臂至上举的姿势，维持这个姿势卷落躯干至垫上。
(3) 使用辅助器材，如健身球、拉力带、魔力圈等。

(五) 动作一览图

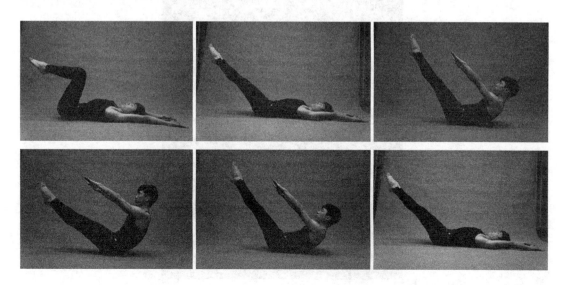

十、单腿朝天(Single Straight Leg Stretch)

(一) 动作方法

(1) 仰卧，收腹，抬腿至双腿垂直地面，卷起头、颈和肩部，沉肩(见仰升上体)。

(2) 双手拉住右脚踝或小腿后侧靠向自己身体，肘部微微外展，另一条腿伸直向下放低至与地面约成30°角的位置；呼气，以反弹两次的节奏将右腿拉近胸前。

(3) 吸气，身体姿势不变，在空中交换腿的位置；呼气，将左腿拉近胸前两次。此为1组，重复5~10组。

(二) 注意事项

(1) 肩颈部要保持稳定，沉肩。用手轻轻拉住腿，手臂起辅助作用，主要通过腹部收缩带动腿靠近身体。

(2) 当双腿交替摆动时，避免身体左右、上下摇摆。

(三) 锻炼功效

加强腿部力量，增加大腿后部腘绳肌的伸展度，增强躯干的核心力量和动态稳定性。

(四) 动作变化

(1) 膝盖保持微曲，将手的位置适当放低。

(2) 伸直手臂置于身体两侧。

(3) 屈肘，将双手放在头后的位置。

(五) 动作一览图

十一、齐腿朝天(Double Straight Leg Stretch)

(一) 动作方法

(1) 仰卧，两手手掌交叠置于头后，并拢夹紧双腿，收腹举腿至双腿垂直地面，卷起头、颈和肩部，沉肩(见仰升上体)。

(2) 吸气，收紧腹部，缓慢放低双腿，当感觉下背要离开地面时，控制住双腿。

(3) 呼气，收紧腹部，带动双腿回到开始的位置。重复5～10次。

(二) 注意事项

(1) 沉肩，保持骨盆和脊椎的自然中立位。

(2) 运用腹部有控制地完成动作，不要靠惯性来抬起和放下双腿，双腿提升不要越过垂直部位。

(3) 保持肘关节处于打开状态，避免用手臂拉动头颈部。

(三) 锻炼功效

强化腹肌和髋屈肌群，增强骨盆的稳定性及核心的控制力。

(四) 动作变化

(1) 仰卧在垫子上，双手置于体侧，伸直双腿或屈腿来完成动作。

(2) 双手做"V"状三角垫置于臀部下方，以减轻下背部的压力。

(3) 改变放低和抬起双腿的节奏。

(五) 动作一览图

十二、辗转反侧(十字交叉，Criss Cross)

(一) 动作方法

(1) 仰卧，仰升上体，双手置于头后，屈膝团身，目光向前或看向腹部。

(2) 吸气，伸直右腿往斜前方45°方向延伸，同时将左膝收向胸部，上身扭向左方，右肘靠近左膝盖；呼气并望向左肘后方，以增加伸展度，固定姿势。

(3) 吸气再呼气，转换位置，向另一个方向扭动并固定。重复5~10组，完成时还原至步骤(1)的姿势。

(二) 注意事项

(1) 保持骨盆稳定，注意保持头部和肩背部的高度。扭动时，眼睛朝后方的肘部望去。
(2) 避免用手拉动头颈部转动，通过腰腹扭动带动肘部尽力靠近对侧的膝盖。

(3) 保持稳定缓慢的节奏。

(4) 椎间盘突出者谨慎练习或避免练习此动作。

(三) 锻炼功效

强化腹部肌群，收紧腰腹部，伸展腿部，增强躯干的动态稳定性和身体的协调性。

(四) 动作变化

(1) 在保持下腹部稳定的前提下，降低伸直腿的高度。

(2) 利用辅助器材练习。

(五) 动作一览图

十三、立地旋风(双腿画圈，Corkscrew)

(一) 动作方法

(1) 仰卧，手臂置于身体两侧，收腹，举腿至大腿垂直于地面，保持骨盆的自然中立位。

(2) 吸气，双腿并拢摆向左开始画圈，躯干保持稳定不动。

(3) 继续做空中画圈的动作，双腿降至最低点通过身体的中心线，躯干保持稳定。

(4) 呼气，将双腿旋回开始的位置。交换方向重复画圈的动作。交替画圈，重复3～5组。

(二) 注意事项

(1) 练习时，头部不要后仰，肩膀、上背部和手臂保持稳定。
(2) 固定骨盆于自然中立位；不要前后、左右移动。
(3) 练习时注意呼吸和节奏，吸气[步骤(2)～步骤(3)]、呼气[步骤4]完成一个圆圈。

(三) 锻炼功效

收紧下腹部和臀部肌肉，改善腿部线条，强化核心部位的控制能力。

(四) 动作变化

(1) 双手做"V"状三角垫置于臀部下方，以减轻下背部的压力。
(2) 逐渐增大画圈的幅度。
(3) 起髋画圈——每次双腿将要完成一次画圈时，带动盆部卷起离地，双腿与地面平行并旋越头部，再慢慢从另一侧旋下去，想象自己运用双腿绕着身体像圆规一样画圈。

(五) 动作一览图

十四、肩基举桥准备 I (Shoulder Bridge Preparation I)

(一) 动作方法

(1) 仰卧,保持脊椎自然中立位,屈膝、分腿与臀部同宽,脚掌平放于垫上,双手置于体侧。

(2) 吸气,保持身体不动;呼气,由尾骨开始提起臀部,向上逐节卷动脊椎,直至骨盆与膝盖、肩膀成一条直线。

(3) 吸气，保持步骤(2)的姿势；呼气时，脊椎逐节卷退到垫上。重复4~6次。

(二) 注意事项

(1) 手臂要稳稳地贴住地面。
(2) 臀部、躯干抬起和下落都要逐节地卷动脊椎骨。
(3) 腰腹部要收紧，稳定骨盆，双脚应平均受力。

(三) 锻炼功效

增强骨盆的稳定性，强化臀部和盆腔底部肌肉，收紧臀围线和大腿后侧肌肉。

(四) 动作变化

(1) 屈肘，双手抵住髋部两侧，支撑骨盆。
(2) 抬起双臂，双手向上指向天花板。
(3) 使用辅助器材，如泡沫轴、健身球等。

(五) 动作一览图

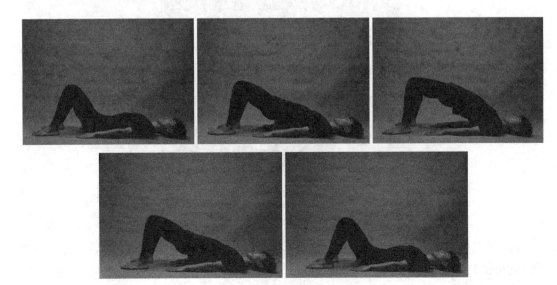

十五、肩基举桥准备Ⅱ(Shoulder Bridge Preparation Ⅱ)

(一) 动作方法

(1) 仰卧，保持脊椎自然中立位，屈膝、分腿与臀部同宽，脚掌平放于垫上，双手置于体侧。

(2) 吸气，保持身体不动；呼气，由尾骨开始提起臀部，向上逐节卷动脊椎，直至骨盆与膝盖、肩膀成一条直线并成肩桥姿势。

(3) 吸气，屈膝，提起左腿，膝关节保持90°角。

(4) 呼气时将腿放下，用脚尖点地。将步骤(2)～步骤(3)重复3次，然后换另一条腿做。两边做2～3组后，脊椎逐节卷回垫上。

(二) 注意事项

(1) 手臂要稳稳地贴住地面。
(2) 抬腿时，膝关节的角度保持90°，臀部不要下沉，支撑腿的脚掌平置于垫上。
(3) 腿部抬起或放下时保持骨盆稳定，不要左右倾斜或上下起伏。

(三) 锻炼功效

增强骨盆的稳定性和平衡能力，强化臀部和盆腔底部肌肉，收紧臀围线和大腿后侧肌肉。

(四) 动作变化

(1) 屈肘，双手抵住髋部两侧，支撑骨盆。
(2) 抬起双臂，双手向上指向天花板。
(3) 使用辅助器材，如泡沫轴、健身球等。

(五) 动作一览图

十六、肩基举桥(Shoulder Bridge)

(一) 动作方法

(1) 仰卧，保持脊椎自然中立位，屈膝、分腿与臀部同宽，脚掌平放于垫上，双手置于体侧。

(2) 吸气，保持身体不动；呼气，由尾骨开始提起臀部，向上逐节卷动脊椎，直至骨盆与膝盖、肩膀成一条直线并成肩桥姿势；反手置于腰部，掌跟相对，五指并拢向上。

(3) 右腿抬起，水平伸直，两膝盖并排，骨盆保持平衡。

(4) 吸气，右腿上踢，与地面垂直。

(5) 呼气时将腿慢慢落下至步骤(3)的姿势，保持腿部处于延展状态，骨盆部位保持平衡。重复上踢下落3～5次。屈膝，脚掌放回地面，换另一条腿重复上述步骤。完成后放开双手，放低骨盆回到开始位置。

(二) 注意事项

(1) 凝聚身体轴心，保持核心部位稳定，收紧臀部，盆部始终维持平衡。
(2) 腿部上踢和下落时要快起慢落，下落的同时要延长伸展。
(3) 躯干保持挺髋沉肩，支撑腿的膝盖和髋部至肩膀基本成一条直线，避免向外或向内倾斜。

(三) 锻炼功效

强化腰背部肌肉力量，增强核心部位的稳定性和身体的平衡能力。收紧臀部，美化臀部和腿部线条，改善体态。

(四) 动作变化

(1) 将两臂置于身体两侧，保持放松。

(2) 调整腿部下落时的高度。
(3) 调整腿部上踢和下落的速度，注意保持骨盆高度。
(4) 增加脚踝的变化，如上踢时绷脚、下落时勾脚，亦可反之。

(五) 动作一览图

十七、蝎尾后针(超越卷动，Roll Over)

(一) 动作方法

(1) 仰卧，手臂置于身体两侧压垫，吸气，收腹，举腿至大腿垂直于地面，保持骨盆的自然中立位。

(2) 呼气，收紧核心，双臂伸直压垫，将臀部提高离开垫子，脊椎逐节抬离地面，以带动双腿越过头部直到腿与地面平行。不要翻至头颈，以肩膀做支撑和平衡点。

(3) 吸气，分开双腿至臀宽，手臂贴于垫子上并保持伸展。

(4) 呼气，并逐节卷曲脊椎落至垫上，同时手臂和肩膀沉入垫子，颈部保持放松。

(5) 当臀部触地时，继续保持分腿降下，直至感觉背部要离开垫子时夹紧并拢双腿，然后重复上述步骤6~10次。

(二) 注意事项

(1) 收腹，运用核心力量来启动动作，避免利用惯性冲力带动双腿翻越头部。
(2) 躯干卷起和下落时，脊椎要逐节运动，注意不要翻过后颈。
(3) 颈部保持延长感，手臂保持伸展，稳稳地贴于垫上。
(4) 腿部在翻越头部后，注意保持核心对动作的控制，不要让双腿松弛下落。
(5) 颈部、下背部有伤者避免练习这个动作。
(6) 高血压、椎间盘突出者谨慎练习或避免练习此动作。

(三) 锻炼功效

强化核心力量和控制能力，增强脊柱的灵活性及稳定肩颈的能力。

(四) 动作变化

(1) 改变动作模式，先分开双腿再翻越头部，控制住，然后夹紧双腿，再将脊椎逐节落回垫子。

(2) 当两腿向后卷起时，适当弯曲膝盖。

(3) 在整个动作过程中，始终保持双腿夹紧并拢。

(4) 脚翻越头部后，让两腿有控制地向地板放低至脚尖轻轻触地。

(五) 动作一览图

十八、空中剪刀(Scissors)

(一) 动作方法

(1) 仰卧，手臂置于身体两侧压垫，吸气，收腹举腿至大腿垂直于地面，保持骨盆的自然中立位。

(2) 收紧核心，以一个连贯的动作，朝天花板方向提起臀部和双腿，带动背部卷起离开垫子，双手放在腰部后侧支撑住后背，保持臀部的提升感，双腿并拢，找到身体重心的平衡点。

(3) 保持骨盆稳定，吸气时，带动一条腿越过头部，另一条腿向前伸展。以剪刀的姿态交替双腿，呼气并带动另一条腿越过头部。重复3~4组交替动作。

(二) 注意事项

(1) 保持盆部和躯干的控制和稳定，收紧腹部和臀部肌肉，尾骨向前延伸，直背。
(2) 靠腰腹力量使臀部始终保持提升，不要把重量压在手上，手臂只起辅助支撑的作用。
(3) 腿部在头的上方时不要下落过多，两腿尽可能打开，同步开合剪动。
(4) 肩、肘或腕部受伤者谨慎练习此动作。

(三) 锻炼功效

增强核心的控制力及骨盆的稳定性，强化腹部和背部力量，改善腿部力量和柔韧性。

(四) 动作变化

(1) 张开双腿时，向下按压两下。
(2) 使用辅助器材，可将泡沫轴或健身球放在臀部下方或腰骶部，在双腿剪动时起到支撑作用。

(五) 动作一览图

十九、倒踏单车(Bicycle)

(一) 动作方法

(1) 仰卧，手臂置于身体两侧压垫，吸气，收腹，举腿至大腿垂直于地面，保持骨盆的自然中立位。

(2) 收紧核心，以一个连贯的动作，朝天花板方向提起臀部和双腿，带动背部卷起离开垫子，双手放在腰部后侧支撑住后背，保持臀部的提升感，双腿并拢，找到身体重心的平衡点。

(3) 保持骨盆稳定，吸气时，带动一条腿越过头部，另一条腿向前伸展；以剪刀的姿态交替双腿，呼气并带动另一条腿越过头部。重复3～4组交替动作。

(4) 左腿屈膝，将脚跟向臀部方向带入。当将左膝收进胸前时，右腿伸展向下，重复上述步骤。踏动3～4组，然后转换踏动的方向，完成3～4组。放开双手，手臂置于垫上，躯干卷退回垫面，回到步骤(1)的姿势。

(二) 注意事项

(1) 背部和臀部收紧，身体轴心始终保持稳定。
(2) 踏动双腿时，保持躯干和骨盆稳固，不要弓起背部。
(3) 靠腰腹力量使臀部始终保持提升，不要把重量压在手上，手臂只起辅助支撑作用。
(4) 腿部在头的上方时不要下落过多，远离头部的一条腿要延展伸直至最低点时再屈膝。
(5) 肩、肘或腕部受伤者谨慎练习此动作。

(三) 锻炼功效

增强核心的控制力及骨盆的稳定性，增进大腿的力量、柔韧性和协调性。

(四) 动作变化

(1) 减小双腿踏动的幅度，幅度越小，难度越低。
(2) 使用辅助器材，可将泡沫轴或健身球放在臀部下方或腰骶部，在双腿剪动时起到支撑作用。

(五) 动作一览图

二十、一柱擎天(空中折刀，Jackknife)

(一) 动作方法

(1) 仰卧，手臂置于身体两侧压垫，吸气，收腹，举腿至大腿垂直于地面，保持骨盆的自然中立位。

(2) 呼气，收紧核心，双臂伸直压垫，将臀部提高离开垫子，脊椎逐节抬离地面，以带动双腿越过头部直到腿与地面平行，不要翻至头颈。以肩膀做支撑和平衡点，手臂伸直并紧贴地面，以稳定肩胛骨。

(3) 吸气，肩部和双臂稳贴地面，朝天花板方向提起双腿，犹如打开瑞士军刀，直至脚背在眼睛或鼻子之上，双腿夹紧。

(4) 呼气，收紧核心肌肉，脊椎逐节有控制地卷下，回到起始姿势。卷下时，保持双脚指向天花板，肩膀和手臂始终不离开垫子，并保持颈椎放松。重复3~5次。

(二) 注意事项

(1) 头、肩和双臂稳稳地固定在垫子上。

(2) 夹紧臀部和双腿，运用腰腹部核心力量收腹举腿并向后卷起离开垫子，避免利用惯性甩腿。

(3) 保持身体重心的稳定，避免挤压到颈部。

(4) 高血压及颈肩部、下背部有伤者等避免练习此动作。

(三) 锻炼功效

强化腰腹部深层肌肉的核心力量和控制协调能力，增强手臂的力量和关节活动能力。

(四) 动作变化

(1) 起始或结束体位保持双腿举腿姿势，不要放低。

(2) 使用辅助器材，可将泡沫轴放在臀部下方，双手压住泡沫轴完成练习。

(五) 动作一览图

二十一、仰撑抬腿(Leg Pull Up)

(一) 动作方法

(1) 身体坐直，双腿伸直并拢夹紧，双脚稍向外旋成"普拉提站姿"，双手撑于体后，指尖朝前，与身体保持一个手掌的距离。

(2) 从垫上抬起臀部，成仰撑姿势，手臂伸直，手腕在肩膀的正下方，下巴微收，脖颈舒展，夹紧臀部和双腿，使身体成一条直线。

(3) 吸气，将一条腿尽量踢高，同时身体保持仰撑的姿势。

(4) 呼气，踝关节上屈，蹬后脚跟，缓慢落下，保持躯干的高度，臀部不要下沉，触地即再次将腿踢起。完成3~4次，换另一条腿重复即为1组，练习2~4组。

(二) 注意事项

(1) 保持颈部的适度控制，梗头，背部抬起挺直。
(2) 夹紧臀部不要下落，保持由肩到脚跟成一条直线。
(3) 肩颈部和手腕受伤者避免练习此动作。

(三) 锻炼功效

增强肩胛骨和骨盆的稳定性以及核心的控制能力，强化臀大肌，伸展腘绳肌，增强肩关节的灵活性，修长腿部线条。

(四) 动作变化

(1) 改变脚踝动作，下落时绷脚。
(2) 增加辅助器材，可利用泡沫轴，让脚踝撑在泡沫轴上。

(五) 动作一览图

第二节　普拉提俯卧(撑)系列动作

一、钟摆脚跟(Heel Beats)

(一) 动作方法

(1) 俯卧，双手掌心朝下重叠置于额头下，双肘向侧面打开，肩膀自然放松，双腿站成"普拉提站姿"。

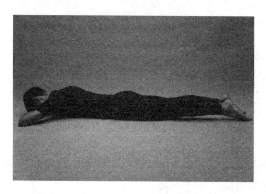

(2) 收紧臀部，双腿夹紧抬起。

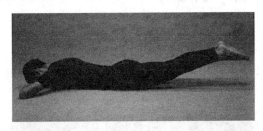

(3) 双腿、脚跟相互拍击，配合呼吸，吸气5次，呼气5次。重复拍击20～40次。

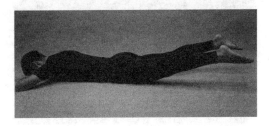

(二) 注意事项

(1) 保持骨盆稳定，腰腹部保持收紧，双腿摆动幅度不要太大。
(2) 绷直膝盖，尽量拉长双腿。
(3) 上体保持稳定，肩颈处于自然状态。
(4) 下背部受伤者谨慎练习此动作。

(三) 锻炼功效

强化臀部和大腿内外侧肌群，收紧腰腹部，提臀，美化腿部线条。

(四) 动作变换

(1) 改变动作节奏，可增加或减少呼吸次数和拍击次数。
(2) 增加辅助器材，在双腿之间夹住魔力圈或小健身球，给予两腿以适当的阻力。

(五) 动作一览图

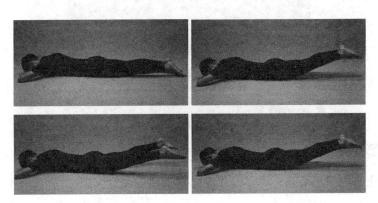

二、婴儿翘首(Baby Swan)

(一) 动作方法

(1) 俯卧，额头抵住垫子，手臂置于头两侧，肘与肩平，前臂与上臂成90°角，沉下肩胛骨，双腿夹紧并拢。

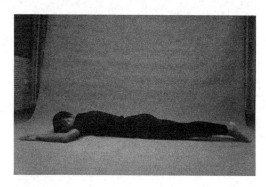

(2) 吸气，伸长颈椎和脊骨，肩膀下沉，收缩腹部和后背部，抬起胸部，头和颈部保持延伸。

(3) 呼气，收缩腹部，颈椎和脊骨保持延伸，同时有控制地将躯干放低直至回到垫上。重复4~8次。

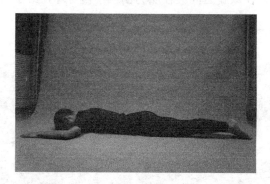

(二) 注意事项

(1) 抬起上身时，尽量避免用双臂作为主要支撑点。

(2) 此动作的锻炼目标是伸张背部肌肉，练习时应保持颈椎和脊骨的伸展，臀肌不需过分收紧。

(3) 保持头和颈部自然延伸成一条直线，抬起时保持腹部收紧，不必在意抬起的高度。

(4) 椎管狭窄者谨慎练习或避免练习此动作。

(三) 锻炼功效

强化并伸张背部肌肉，提高脊椎的伸展能力。

(四) 动作变换

(1) 改变呼吸和动作的节奏。吸气时，保持身体静止；呼气时，抬起上体。吸气时，在顶端停留；呼气时，慢慢下放。

(2) 调整难度，在身体抬起时，两臂随之抬起。

(五) 动作一览图

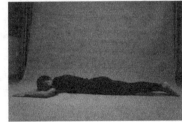  

三、天鹅翘首(Swan)

(一) 动作方法

(1) 俯卧，额头抵住垫子，弯曲肘部，手臂置于躯干两侧，肩膀下沉放松，双腿分开与骨盆同宽，保持大腿和髋部贴地。

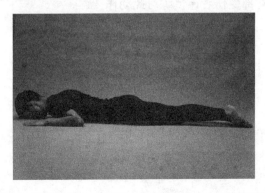

(2) 延长脊骨和颈椎，启动动作，吸气，收紧腹部，后背和下腰部用力，慢慢抬起头和胸部。

(3) 将弯曲的手臂推直，开始用手掌支撑，继续抬高身体，直至手臂推直，维持轴心的凝聚，双腿始终伸展。

(4) 呼气，慢慢放低身体，直至回到垫上。整个过程始终保持头部和脊柱的延伸，重复4~6次。

(二) 注意事项

(1) 始终保持头和颈椎成一条直线，自然延伸，启动动作时不要仰头。
(2) 收紧腹部，尾骨内收，避免以塌腰来换取脊柱的伸展。
(3) 不要向上耸肩，注意肩胛骨下沉。
(4) 椎管狭窄或下背部受伤者谨慎练习此动作。

(三) 锻炼功效

稳定肩胛，伸展脊柱，强化腰腹部及伸展背部肌群。

(四) 动作变换

(1) 调整难度，双手打开一点，并稍微置前，沉肩。
(2) 增加辅助器材，在两腿之间夹住小健身球，双腿并拢施压。

(五) 动作一览图

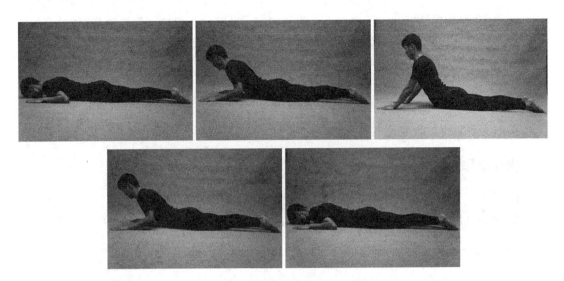

四、沙滩踢球(单腿上踢，Single Leg Kick)

(一) 动作方法

(1) 俯卧，屈肘支撑，上臂垂直于地面，肘关节置于肩的正下方；前臂压向垫子，握拳或将手掌置于垫上，抬起头和躯干，沉肩，保持头和脊椎的延伸；收紧臀部，并拢双腿。

(2) 吸气，右膝盖弯曲，右脚快速踢向臀部两次；然后换脚，呼气，换左脚重复上述动作。重复4~6组。

(二) 注意事项

(1) 头和脊椎保持延伸，不要仰头；收紧腹部，肚脐向上提起，保持髋部稳定。
(2) 前臂压向垫子，不要耸肩，肩胛骨下沉。
(3) 椎管狭窄或下背部受伤者谨慎练习此动作。

(三) 锻炼功效

伸展大腿肌肉，收紧臀部肌肉，强化背部线条，发展身体协调性和控制能力。

(四) 动作变换

(1) 俯卧，双手重叠放在前额下，以减轻下背部、颈部和肩膀的压力。
(2) 两次上踢，第一次绷脚尖，第二次足背屈并且勾脚尖，促进协调性，增强身体控制能力。

(五) 动作一览图

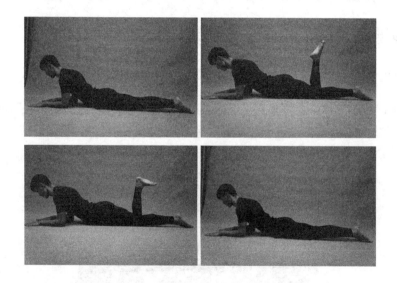

五、鲸鱼摆尾(双腿上踢，Double Leg Kick)

(一) 动作方法

(1) 俯卧，双手交握于背后，掌心向上，将脸转向一侧，双腿伸直并拢收紧。

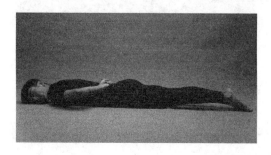

(2) 吸气，屈膝，脚跟踢向臀部两次。

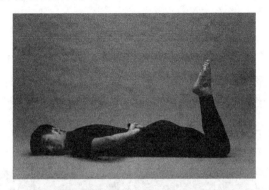

(3) 呼气，伸展背部，手臂和腿同时用力向后方延伸，以抬升上体。

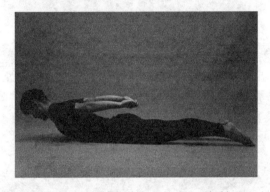

(4) 放松，身体放低还原到垫上，将脸转向另一侧。交替2~4组。

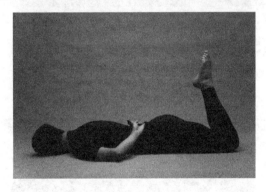

(二) 注意事项

(1) 上体抬起伸展时，头部和脊椎保持一条直线，不要仰头。
(2) 收紧臀部和大腿，保持髋部前侧贴紧垫子。
(3) 练习过程中始终凝聚轴心肌肉，不能松懈。
(4) 椎管狭窄或下背部受伤者谨慎练习此动作。

(三) 锻炼功效

有助于加强背伸肌群和腘绳肌，收紧臀部肌肉，同时伸展肩部和胸廓，是一个非常安全有效的脊柱伸展动作。

(四) 动作变换

(1) 改变动作节奏，将踢腿次数改为3次，或以2~3拍的节奏向后延伸腿部。

(2) 调整难度。调整1：将两手放在身体的两侧，当上体抬高时双手在体侧向后伸展。调整2：上踢两次，一次绷脚尖，一次屈足背并且勾脚尖，提高协调性和控制能力。

(五) 动作一览图

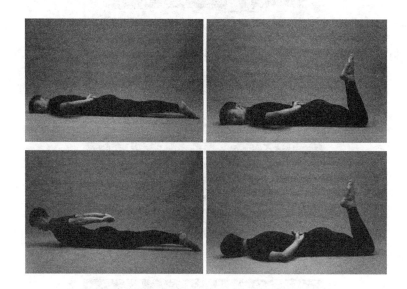

六、陆上游泳(Swimming)

(一) 动作方法

(1) 俯卧在垫上，伸展身体，双腿伸直夹紧并拢，手臂上举，凝聚身体轴心和腹部。

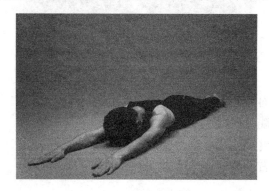

(2) 吸气，身体充分伸展；呼气，收紧腰腹部和臀部，抬高头部和四肢，保持头部和脊柱成一条自然延伸线，手臂前伸。

(3) 吸气，抬起右臂和左腿，保持躯干核心的稳定，交替抬高异侧手臂和腿。持续交替，吸气5拍，呼气5拍，为1组。完成2~3组。

(二) 注意事项

(1) 凝聚身体轴心和腹部，保持四肢动作节奏协调一致。
(2) 夹紧臀部，髋部不要左右摇晃，手臂和腿的摆动幅度不要超过身体的宽度。
(3) 头部和脊椎保持延伸，肩胛骨下沉，避免耸肩。
(4) 椎管狭窄或下背部受伤者谨慎练习此动作。

(三) 锻炼功效

改善背伸肌群和髋伸肌群的虚弱无力，协调对角的肌肉运动链，改善不良体态和圆肩。

(四) 动作变换

(1) 调整难度。调整1：身体不抬起，交替抬起异侧手臂和腿。调整2：保持身体平衡，尽可能快地交替抬起异侧手臂和腿。
(2) 增加辅助器材，可俯在大号健身球上练习。

(五) 动作一览图

七、掌上压腿(俯撑抬腿，Leg Pull Down)

(一) 动作方法

(1) 俯撑(掌上压)姿势，肩膀位于手腕的上方，双腿并拢，腹部收紧，夹紧臀部，脚跟位于脚趾的正上方，头、躯干至脚跟成一条直线。

(2) 吸气，左腿绷脚尖抬起两次，凝聚轴心，身体稳定，始终保持躯干成一条直线和髋的高度不变。

(3) 呼气，腿放低回到垫上，另一条腿重复动作，为1组。重复3～5组。

(二) 注意事项

(1) 注意头和脊柱成一条直线，保持头部和躯干的延伸。
(2) 收紧腹部和臀部，始终保持成一条直线，既不能撅臀，也不能塌腰。

(3) 不要为了追求抬腿高度而使骨盆倾斜。
(4) 伸直手臂，但避免肘关节超伸(锁死)。
(5) 手腕不适或有伤者谨慎练习此动作。

(三) 锻炼功效

收紧腰腹部和臀部，增强身体核心、肩胛骨和骨盆的稳定性，伸展腿部肌肉，美化身体线条。

(四) 动作变换

(1) 改变抬腿次数，抬腿2次或3次，交替换腿。
(2) 进行难度升级，增加支撑腿的脚踝变化，身体重心随之前后移动。
(3) 增加辅助器材，手撑在健身球上练习。

(五) 动作一览图

■ 八、普拉提掌上压(俯身撑起，Push Ups)

(一) 动作方法

(1) 站在垫子的后端，脊椎和骨盆处于自然中立位，并拢双腿，双臂自然垂落指向地面。

(2) 吸气,身体向上延伸;呼气,下巴靠近胸口,卷曲脊骨,直到手指触地,将手掌平放在垫上,盆部位于脚跟正上方,拉展腿后的肌肉。

(3) 手一步步往前走,直到手腕位于肩膀的下方,身体从头到脚成一条直线。

(4) 腹部收紧，收臀，成俯撑姿势，头颈自然延伸，视线向下。

(5) 连续做3次俯卧撑，注意上臂贴近身体，肘关节指向后方，肩胛保持稳定。

(6) 当完成最后一次撑起后呼气，伸直肘关节，重心后移，向天花板方向提臀，身体折成倒"V"字形，脚跟压向地面，肚脐拉向脊骨。

(7) 双手手掌交替爬行回到脚尖前，然后收缩腹部，带动脊椎逐节舒展卷回到起始位置。重复3~5组。

(二) 注意事项

(1) 双手向前或向后爬行时,保持核心收紧,控制骨盆,避免左右摇晃。
(2) 俯撑时,颈部和脊柱保持成一条直线,臀部收紧,既不能塌腰,也不能撅臀。
(3) 做俯卧撑时,肩带肌肉保持收紧,肩胛骨之间保留一定的空间。
(4) 手腕或肘关节受伤者谨慎练习或避免此动作。

(三) 锻炼功效

强化全身肌肉,促进身体核心、骨盆和肩胛骨的稳定性。

(四) 动作变换

(1) 难度调整1:略去下沉撑起的环节,在俯撑的环节做3次呼吸。
(2) 难度调整2:在俯身撑起的环节将膝盖作为支点。
(3) 难度调整3:保持身体收紧,增加俯卧撑的次数或变换频率。

(五) 动作一览图

第三节 普拉提侧卧(撑)系列动作

一、侧卧抬腿(Side Leg Lifts)

(一) 动作方法

(1) 侧卧，髋部微屈，双腿向前与身体约成30°角；屈臂，头放在手上，肘关节支撑，上侧手放在胸前支撑；保持肩膀、髋部都垂直于地面，双腿成"普拉提站姿"。

(2) 吸气，上侧腿膝盖朝天，脚跟朝下，往天花板方向抬起。抬腿时腿部充分伸展，肩膀和髋部保持固定。

(3) 呼气，有控制地放下腿，和下侧腿并拢。注意保持脊椎和脊骨的延伸。两侧各重复5~10次。

(二) 注意事项

(1) 练习过程中，始终保持肩、背和髋部在一个垂直面上，避免身体前后扭动。
(2) 注意沉肩，脊椎和脊骨保持延伸。
(3) 上侧腿的髋关节打开，保持外旋，腿部上抬时尽量伸展延长。
(4) 髋关节有问题者，可减小动作的幅度或减少重复次数。

(三) 锻炼功效

增强躯干和骨盆的稳定性，强化髋部外展肌群及外旋肌群。

(四) 动作变换

(1) 改变支撑手位，伸直下侧手臂，把头放在下侧手臂上。
(2) 改变支撑腿位，下侧腿屈膝，以增大支撑面。

(五) 动作一览图

二、侧卧单腿画圈(Side Leg Circles)

(一) 动作方法

(1) 侧卧，髋部微屈，双腿向前与身体约成30°角；屈臂，头放在手上，肘关节支撑，上侧手放在胸前支撑；保持肩膀、髋部都垂直于地面，双腿成"普拉提站姿"。

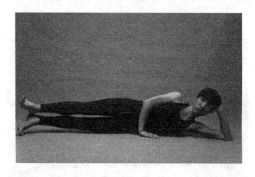

(2) 将上侧腿抬起至髋的高度，以髋部为基点，用整条腿小幅度地、有力地画小圆圈，注意延伸拉长大腿。画5~10个小圆圈后，向相反的方向重复动作。

(二) 注意事项

(1) 练习过程中，始终保持肩、背和髋部在一个垂直面上，避免身体前后扭动。
(2) 由髋部开始，用整条腿来画圆圈，而不是转动脚。

(三) 锻炼功效

增强躯干和骨盆的稳定性，收紧腰腹部和臀部，强化髋部外展肌群及外旋肌群。

(四) 动作变换

(1) 改变支撑手位，伸直下侧手臂，把头放在下侧手臂上。
(2) 改变支撑腿位，下侧腿屈膝以增大支撑面。
(3) 改变画圈的大小。

(五) 动作一览图

三、侧卧扫踢(Side Leg Kicks)

(一) 动作方法

(1) 侧卧，髋部微屈，双腿向前与身体约成30°角；屈臂，头放在手上，肘关节支撑，上侧手放在胸前支撑；保持肩膀、髋部都垂直于地面，双腿成"普拉提站姿"。

(2) 吸气，上侧腿往前踢两次，第二次再向前踢一点。踢腿时，上腿保持骨盆高度且与地面平行。

(3) 呼气，上侧腿向后摆动，收紧臀部，同时感受髋部前侧肌肉的拉伸。重复5～10次。

(二) 注意事项

(1) 练习过程中，始终保持肩、背和髋部在一个垂直面上，避免身体前后扭动。
(2) 收紧轴心、腹部和背部肌肉，保持躯干的稳定。
(3) 保持脊椎和脊骨的延伸，上侧腿与地面平行。
(4) 髋关节有问题者，可减小动作的幅度或减少重复的次数或避免练习此动作。

(三) 锻炼功效

增强核心力量，增强躯干、骨盆和背部的稳定性，有效强化和拉伸臀部及大腿肌肉，美化腿部线条。

(四) 动作变换

(1) 改变动作节奏，练习时腿部只做一次前踢。
(2) 改变手位，伸直下侧手臂，把头放在下侧手臂上。
(3) 双手抱头，肘关节打开。

(五) 动作一览图

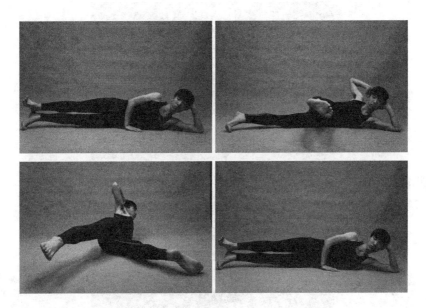

四、侧踏单车(Side Leg Bicycle)

(一) 动作方法

(1) 侧卧，髋部微屈，双腿向前与身体约成30°角；屈臂，双手抱于头后，肘关节打开；保持肩膀、髋部都垂直于地面，双腿成"普拉提站姿"。

(2) 上腿抬起至骨盆的高度。

(3) 上侧腿向后平行伸展至骨盆不会前倾的幅度，摆动中保持与地面平行。

(4) 髋部保持不动，屈膝，脚跟靠近臀部。

(5) 保持膝盖角度不变，沿水平面向前屈髋，同时保持躯干稳定。

(6) 髋关节不动，向前伸直腿，直至盆部不会后倾的幅度。重复步骤(3)～步骤(6)，重复4～8次。转换方向，向后踏动4～8次，即上侧腿向前伸展，屈膝，向后伸展腿部，伸直腿。

(二) 注意事项

(1) 练习过程中，始终保持肩、背和髋部在一个垂直面上，避免身体前后扭动。
(2) 收紧轴心、腹部和背部肌肉，保持躯干的稳定。
(3) 保持脊椎和脊骨的延伸，上侧腿与地面平行。
(4) 髋关节有问题者，可减小动作的幅度或减少重复的次数或避免练习此动作。

(三) 锻炼功效

增强核心力量，提高躯干、骨盆和背部的稳定性，有效强化和拉伸臀部、髋部及大腿前后侧肌肉，美化腿部线条。

(四) 动作变换

(1) 改变手位，伸直下侧手臂，把头放在下侧手臂上。
(2) 在腿部前后摆动时，两脚足背可以配合勾脚尖和绷脚尖变换。

(五) 动作一览图

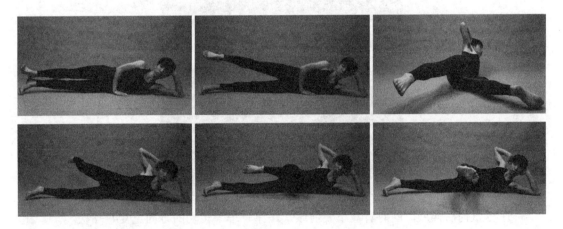

五、侧卧旋腿(Grande Ronde De Jambe)

(一) 动作方法

(1) 侧卧，髋部微屈，双腿向前与身体约成30°角；屈臂，双手抱于头后，肘关节打开；保持肩膀、髋部都垂直于地面，双腿成"普拉提站姿"。

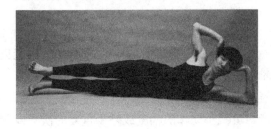

(2) 吸气，向前摆腿。

(3) 呼气，向天花板方向抬高腿。

(4) 继续动作，带动上腿向后伸展。

(5) 尽量向后伸展，同时骨盆不要前倾，还原。每个转动的方向重复4～8次。

(二) 注意事项

(1) 练习过程中，始终保持肩、背和髋部在一个垂直面上，避免身体前后扭动。
(2) 画圈时，收紧轴心、腹部和背部肌肉，保持躯干的稳定。
(3) 抬腿时，腿伸直，大腿带动小腿画圈。
(4) 髋关节有问题者，可减小动作的幅度或减少重复的次数或避免练习此动作。

(三) 锻炼功效

增强躯干、骨盆和背部的稳定性以及大腿关节的灵活性,增大双腿的活动幅度。

(四) 动作变换

(1) 改变手臂位置,伸直下侧手臂,把头放在下侧手臂上。

(2) 在腿部画圈时,两脚足背可以配合勾脚尖和绷脚尖变换。

(五) 动作一览图

六、跪地飞铲(跪姿侧踢,Kneeling Side Kick)

(一) 动作方法

(1) 跪在垫子上。

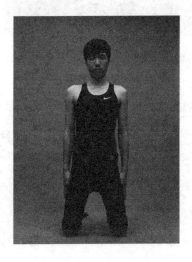

(2) 身体侧倾，左手撑地，置于肩膀的正下方，另一只手置于头后；右腿伸直，保持肩、手臂、膝盖和髋部在一个垂直面上。

(3) 抬起一侧腿，伸直，与骨盆同高。

(4) 吸气，上侧腿往前踢两次，第二次再向前踢一点。踢腿时，上侧腿保持骨盆高度且与地面平行。

(5) 呼气，上侧腿向后摆动，收紧臀部，同时感受髋部前侧肌肉的拉伸，重复3～4次后，跪起，交换另一侧。

(二) 注意事项

(1) 练习过程中，始终保持肩、手臂、躯干和髋部在一个垂直面上，避免肩膀和身体前后晃动。
(2) 收紧轴心、腹部和肩部肌肉，保持躯干和肩部的稳定。
(3) 保持脊椎和脊骨的延伸，上侧腿的髋部正对前方并与地面平行。
(4) 肩膀、肘部或手腕有问题者无法支撑，可避免练习此动作。
(5) 髋关节有问题者，可减小动作的幅度或减少重复的次数或避免练习此动作。

(三) 锻炼功效

增大髋关节的活动范围，强化肩背部肌肉，增强骨盆的稳定性，提高平衡能力。

(四) 动作变换

(1) 改变动作节奏，练习时腿部只做一次前踢。
(2) 在腿部前后摆动时，两脚足背可以配合勾脚尖和绷脚尖变换。

(五) 动作一览图

七、穿针引线(侧撑扭转，Side Bend Twist)

(一) 动作方法

(1) 身体挺直，坐在一侧臀部上，两膝盖弯曲转向另一侧，上侧脚掌在下侧脚掌的前面；支撑手置于肩膀下方略远处，指尖朝外，另一只手自然放在小腿上。脚掌、盆部和支撑手在一条直线上。

(2) 吸气，把肚脐往脊柱方向收紧；呼气，着地手支撑，以一个连贯的动作，侧身撑起躯干，伸直双腿，上臂随之抬起至上举，尽可能使身体更长、更有力量，身体成侧面支撑，上侧脚在下侧脚的前面。

(3) 吸气，上侧手臂伸向天花板，同时转头向上看。

(4) 呼气，身体躯干向内往地板方向扭转，上侧手穿进躯干下的空间往后，眼睛跟随手向后看。

(5) 吸气，并重新抬起手往天花板方向延伸；呼气，举高的手继续向后伸展，胸部打开，眼睛跟随手向后上方看。

(6) 吸气，手臂再次朝向天花板伸直；呼气，降下盆部回到起始姿势。由步骤(3)开始重复3~5次，换另一侧练习。

(二) 注意事项

(1) 支撑手置于肩膀的正下方，不要沉肩。
(2) 练习过程中，始终保持肩膀、手臂、髋部、膝盖和双脚在一个垂直面上，不要屈髋使臀部推后。
(3) 收紧腰腹，切勿让骨盆或双腿扭转或移动。
(4) 肩膀、肘部或手腕受伤者避免练习此动作。

(三) 锻炼功效

增强骨盆的稳定性和脊柱的灵活性，加强肩带的力量和稳定性，伸展和强化身体侧面肌群，有助于提高核心的控制、平衡和协调能力。

(四) 动作变换

(1) 在抬高髋部伸展身体侧面时，以膝盖来支撑。

(2) 做到步骤(5)时,手臂只指向天花板,省略继续向后伸展的动作。

(五) 动作一览图

第四节　普拉提坐姿系列动作

一、团身滚动(Rolling Like a Ball)

(一) 动作方法

(1) 坐在垫子前端,双膝稍微打开,弯曲团身,双脚并拢抬离地面,手臂环抱小腿下方;在坐骨和尾骨之间找到平衡点,下巴抵进胸前,背部弯成"C"字形,腹部收缩内曲。

(2) 吸气,将腹部收紧,保持启动时身体的形状,并向后滚动。

(3) 滚动至肩胛触地，呼气的同时，向前滚回到开始的位置，双脚不要触地。重复6～10次。

(二) 注意事项

(1) 向后滚动时，头部不要后仰，下巴要抵进胸前，向后只滚动至肩胛骨上端。
(2) 滚动时，沉肩，腹部收缩，背部拱起，任何时候不可伸直，身体保持球状。
(3) 保持滚动流畅，回到开始位置时保持平衡。
(4) 骨质疏松、髋部和下背部受伤者，避免练习此动作。

(三) 锻炼功效

增强骨盆稳定性和核心控制力，按摩脊柱和周围肌肉，强化脊柱的柔韧性和关节活动性，提高协调、平衡能力。

(四) 动作变换

(1) 改变团身的角度并控制动作。
(2) 使用辅助器材，在大腿和躯干之间夹小健身球，滚动时控制球不要落下来。

(五) 动作一览图

二、海豹拍鳍(Seal)

(一) 动作方法

(1) 坐在垫上，双膝打开与肩同宽，屈膝并靠近胸部，两手由内向外握住脚踝；在坐骨和尾骨间找到平衡，两脚离开地板，下巴抵进胸前，背部弯成"C"字形，腹部收缩内曲，视线向下。

(2) 吸气，向后滚至肩胛骨的上部，找到平衡点，同时手握两脚快速拍击3次。

(3) 呼气，向前滚动到开始的姿势，找到平衡点，两脚再迅速拍击3次。重复5~8次。

(二) 注意事项

(1) 向后滚动时，头部不要后仰，下巴要抵进胸前，只滚动至肩胛骨上端。
(2) 滚动时，沉肩，腹部收缩，背部拱起，任何时候不可伸直。
(3) 保持滚动流畅，不要太快，回到开始位置时控制住，保持平衡。
(4) 在熟悉动作后尽量不要利用惯性，始终保持核心的控制。
(5) 骨质疏松、髋部和下背部受伤及椎间盘突出者，谨慎练习或避免练习此动作。

(三) 锻炼功效

增强骨盆的稳定性和核心的控制力，提高身体的平衡能力和手脚的协调性，按摩脊椎及两侧的肌肉。

(四) 动作变换

(1) 改变团身的角度并控制动作。

(2) 调整难度,只做滚动动作,略去拍击脚掌的动作。

(五) 动作一览图

■ 三、初级脊椎前探(Spine Stretch forward Beginners)

(一) 动作方法

(1) 坐姿,两腿分开与肩同宽,稍屈膝,勾脚尖、脚跟前蹬,双臂前举,与地面平行。

(2) 吸气做准备,下巴靠近胸前,脊椎逐节向前弯下,手臂前伸,肩胛骨往上滑动至越过胸廓。

(3) 呼气,上身向前伸展,双臂前伸。想象有人在前面拉你的手的同时有另一个人抱住你的腰向后拉,利用将肚脐拉进脊骨的感觉来抗衡上身前伸的动作。

(4) 吸气，躯干保持不动，准备还原上述步骤；呼气，收缩腹部，把肚脐拉向脊骨，由最底一节卷起直至回到背部挺直的坐立姿势。重复4～6次。

(二) 注意事项

(1) 脊椎向前伸展时，保持骨盆稳定，脊椎逐节弯曲和卷回。
(2) 双臂与地面平行并伸展，注意沉肩。
(3) 脊椎弯曲和卷回时，尽量保持勾脚尖、脚跟前蹬。
(4) 下背部、髋部有问题者或椎间盘突出者谨慎练习或避免练习此动作。

(三) 锻炼功效

伸展脊柱和下背部肌肉，促进脊椎的灵活性，增强核心的稳定性。

(四) 动作变换

双手放松垂落在腿上方，配合动作自然进退。

(五) 动作一览图

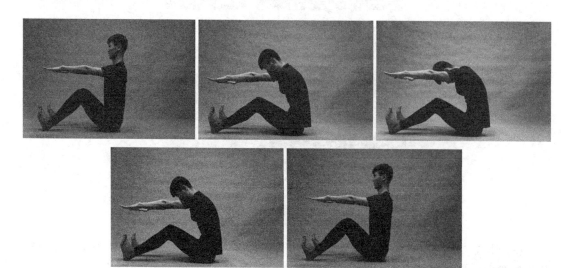

四、脊椎前探(Spine Stretch Forward)

(一) 动作方法

(1) 坐姿，两腿伸直分开与肩同宽，勾脚尖、脚跟前蹬，感受大腿后侧肌肉伸展；双臂前举，与双腿平行。

(2) 吸气，延伸脊柱，收紧臀部；呼气，收缩腹部，将下巴靠近胸前，脊椎逐节弯曲，手臂前伸，肩胛骨往上滑动至越过胸廓。

(3) 上身向前伸展，双臂前伸。想象有人在前面拉你的手的同时有另一个人抱住你的腰向后拉，利用将肚脐拉向脊骨的感觉来抗衡上身前伸的动作。

(4) 吸气，躯干保持不动，准备还原上述步骤；呼气，收缩腹部，把肚脐拉向脊骨，卷起直至回到背部挺直的坐立姿势。重复4～6次。

(二) 注意事项

(1) 脊椎向前伸展时，保持骨盆稳定，脊椎逐节弯曲和卷回。
(2) 双臂与地面平行并伸展，注意沉肩。
(3) 脊椎弯曲和卷回时，尽量保持勾脚尖、脚跟前蹬。
(4) 下背部、髋部有问题者或椎间盘突出者谨慎练习或避免练习此动作。

(三) 锻炼功效

伸展脊柱、腘绳肌和下背部肌肉，促进脊椎的灵活性，增强核心的稳定性。

(四) 动作变换

(1) 双手放松垂落在腿上方，配合动作自然进退。
(2) 适当弯曲膝盖，放松大腿后侧进行练习。

(五) 动作一览图

五、旋腰拉锯(Saw)

(一) 动作方法

(1) 坐姿，挺直背部；两腿伸直分开，比肩稍宽，勾脚尖、脚跟前蹬，感受大腿后部肌肉伸展；两臂侧举，向远处延伸。

(2) 吸气，从腰腹开始向左扭转躯干，带动两臂，手臂保持伸展，双腿和臀部稳贴地面，身体重心保持不变。

(3) 呼气，收紧腹部，躯干前屈，右手向左脚外侧尽力延伸，左臂随之向后伸展；吸气，起身还原至开始姿势，朝另一边重复步骤(2)～步骤(3)。此为1组，重复4～6组。

(二) 注意事项

(1) 当身体转动和向前伸展时，保持双腿和臀部的位置不变，稳稳地贴在地上。
(2) 收缩腹部，从腰腹位置开始扭转。
(3) 手臂前伸时，注意沉肩。
(4) 下背部、髋部有问题者或椎间盘突出者谨慎练习或避免练习此动作。

(三) 锻炼功效

伸展脊骨、大腿后部的腘绳肌和腰腹斜肌，平衡脊柱两侧肌肉，缓解紧张感，增强脊柱的灵活性。

(四) 动作变换

(1) 改变呼吸节奏。

(2) 适当弯曲膝盖，放松大腿后侧肌肉。

(五) 动作一览图

六、螺旋十字(Spine Twist)

(一) 动作方法

(1) 坐姿，挺直背部；两腿并拢伸直，勾脚尖、脚跟前蹬，感受大腿后部肌肉伸展；两臂侧举，向远处延伸；吸气，收紧腹部。

(2) 呼气时，躯干向左侧扭转，注意保持骨盆稳定，臀部和双腿不要移动。

(3) 吸气，旋转至开始的位置，注意沉肩和伸长双臂；然后呼气，转向另一侧。重复4~8组。

(二) 注意事项

(1) 转动时，臀部和腿应稳稳地贴在垫子上，从腰部开始扭转。
(2) 扭动时，夹紧臀部和双腿，挺直躯干，伸展手臂，沉肩，充分呼吸。
(3) 椎间盘突出者或骨质疏松者谨慎练习或避免练习此动作。

(三) 锻炼功效

强化核心的旋转能力，增大脊椎在水平面的活动范围，增强躯干和骨盆的稳定性。

(四) 动作变换

(1) 改变动作节奏，呼气时可以转动两次。
(2) 转动时，可以将两腿稍微分开，稍微弯曲膝盖。

(五) 动作一览图

七、脚上车轮(Hip Circles)

(一) 动作方法

(1) 身体坐直，屈膝，脚尖点地，上体微微后倾成"V"形坐姿；手掌置于体后，撑在垫上，双臂伸直分开，稍宽于肩，手指尖稍向外指向斜后方。

(2) 保持身体姿势不变，双腿并拢夹紧并伸直膝盖；收腹，挺直腰背，准备画圈。

(3) 吸气，保持躯干稳定，双腿划向右边。

(4) 不要停顿，双腿继续向下画圈至下方的中点，躯干和肩膀保持稳定。

(5) 呼气，双腿继续往左边画圈至开始位置。换方向重复动作。在身体保持稳定的前提下，可以增大画圈的幅度。重复2~4组。

(二) 注意事项

(1) 背部保持挺直、稳定，挺胸。
(2) 夹紧臀部，并拢双腿，将肚脐拉向脊骨，收腹，保持躯干稳定。
(3) 身体轴心保持稳定方正，不要弓背，画圈的动作流畅、连续。
(4) 下背部、髋屈肌群和骶髂关节受伤者或骨质疏松者谨慎练习或避免练习此动作。

(三) 锻炼功效

提升核心和腿部的控制力，伸展大腿后侧肌群，美化腿部线条，增强协调性和平衡能力。

(四) 动作变换

(1) 适当弯曲膝盖，放松大腿后侧肌肉。
(2) 弯曲肘关节，以前臂支撑躯干，让重量落在前臂上。
(3) 身体保持稳定，加大或减小画圈的幅度，用不同的核心力量来控制。

(五) 动作一览图

八、人鱼展肢(Mermaid)

(一) 动作方法

(1) 坐姿，上体挺直；双腿向一侧弯曲，一条腿置于另一条腿上，一手握住脚踝，另一手臂上举贴近耳朵；吸气，向上伸展手臂，拉长腰肢。

(2) 呼气，上体朝双腿重叠的方向侧屈伸展，保持双腿并拢，挺胸，面朝前，上举的手臂贴近耳朵。

(3) 吸气,回到步骤(1)的姿势,上举的手臂放下撑地,指尖朝外;然后,另一手臂上举,贴近耳朵,拉长腰肢。

(4) 呼气,上体向反方向侧屈伸展,保持轴心平稳、脊柱延伸,上举的手臂贴近耳朵。

(5) 吸气,以核心力量带动手臂,使上体流畅地回到坐姿,此为1组。重复3~5组,再

交换腿部方向。

(二) 注意事项

(1) 练习过程中,面部和躯干始终朝前,颈部与脊柱成一条直线。
(2) 上举的手臂要贴近耳朵,身体侧屈时,腹部保持收紧,立腰。
(3) 从身体侧屈到直立姿势时,要用腰部的力量将躯干拉起,而不是用手臂的惯性。
(4) 椎间盘突出者谨慎练习或避免练习此动作。

(三) 锻炼功效

强化躯干侧部肌群力量,增强脊椎两侧的伸展能力。

(四) 动作变换

(1) 改变坐姿,将一条腿屈膝,让脚跟靠近大腿根部;另一条腿髋关节内旋、屈膝,将脚放在身体后侧靠近臀部的位置。
(2) 在伸展一侧加入辅助器材,如泡沫轴,辅助伸展。

(五) 动作一览图

九、回力人棒(Boomerang)

(一) 动作方法

(1) 坐姿，躯干挺直，两腿伸直，一条腿置于另一条腿的上面，双手自然放置在身体的两侧。

(2) 吸气，将肚脐拉向脊骨，收腹，举腿，重心后移，以坐骨平衡身体。

(3) 继续向后逐节卷退脊椎，呼气，并从尾骨开始将脊骨从地面逐节卷起，带动双腿越过头部，至双腿与地面平行，双臂在体侧紧贴垫上；吸气，双腿快速打开和并拢，交换交叉脚踝的位置，躯干和臀部的位置保持不变。

(4) 呼气，并将脊骨落回垫上，再流畅地提起躯干至"V"形悬体的姿势，双臂与地面平行，抬高双腿，保持平衡。

(5) 吸气，以"V"形悬体的姿势保持平衡，收紧腹部，手臂掌心朝上向后打开，尽量拉长脊骨，避免躯干后倒。

(6) 呼气，保持"V"形悬体的姿势，手臂继续向后，伸展手臂，远离躯干。

(7) 保持这个姿势，有控制地降下双腿和躯干，避免惯性下跌；收紧腹部，双臂保持后举。

(8) 吸气，双臂向前绕至上举的姿势，保持腹部收缩，身体在腿的上方向前伸展。

(9) 呼气，将肚脐拉向脊骨，带动脊椎逐节卷起，回到开始的姿势。重复4~6次。

(二) 注意事项

(1) 保持动作平稳和流畅，不要依靠惯性。
(2) 各步骤转接时，以核心力量启动，有控制地做动作，避免使用冲力。
(3) 向后卷动时，注意重心，不要卷过肩膀的上端，避免脊椎受到过度的挤压。
(4) 颈部、肩膀、下背部受伤者避免练习此动作。
(5) 高血压者、椎间盘突出者或骨质疏松者谨慎练习或避免练习此动作。

(三) 锻炼功效

强化腹部肌群、背伸肌群和髋屈肌群等的深层核心力量，提高脊椎及身体各部位的柔韧性和灵活性，增强身体在动态中的控制能力和平衡感。

(四) 动作变换

(1) 在步骤(5)中，手臂向上伸展，然后向后绕至后举的姿势。
(2) 在步骤(6)和步骤(7)中，手臂可以在体后交叉。

(五) 动作一览图

118 普拉提教程：垫上

第四章　普拉提垫上课程

普拉提训练课程有多种类型，根据相关资料和实地调查，按照普拉提的训练形式，可将其分为垫上课程和器械系统课程；根据课程的参与人数，可将其分为私人课程、小班课程和团体课程；还可根据其功能性设置运动康复课程、孕期及产后恢复课程和专项运动员课程。

本章主要介绍小班和团体的普拉提垫上课程，按照不同的练习难度和强度，分为入门动作课程、初级课程、中级课程和高级课程。

不同级别的课程对练习者的身体健康状况、运动技术水平和能力都有不同的要求，级别越高，对能力要求越高。不适宜的练习难度和强度不仅不能达到良好的练习效果，还有可能造成运动损伤。另外，上文所说的不同级别的课程只是相对而言的，初级课程中的大部分动作都是初级的，但相对于不同的练习者来说，其中有个别动作是属于中级的；在中级课程中，大部分动作是属于中级的，但可能有个别动作是属于初级或者高级的。所以，在实际教学中，要根据练习者的实际情况和课程目标来选择动作、设计课程。

第一节　入门动作课程

入门动作课程是普拉提训练体系的基础，是专门为初学者设计的。通过练习入门动作，可使我们安全并有效地感受普拉提运动的神奇。通过用心感觉身体的细微反应，可使我们认识到普拉提训练控制身体核心、把握轴心凝聚的作用，有助于我们提升神经本体的感受能力。

普拉提动作的进级从容易控制和单关节的动作开始，以身体核心——脊椎和骨盆为起点，然后到头部和肢体，逐渐从近端到末梢再进展到所有关节。练习时，讲求循序渐进，一次掌握一种技巧并能正确地完成动作即可，再慢慢地增加变化和动作。当我们不断向高级课程进级时，将感受到更多的关节运动、更少的支撑和更大的练习负荷。

入门课程动作演示：

1. 仰升上体(p.30)　　2. 百次拍击(p.31)　　3. 长驱席卷(p.34)　　4. 单腿画圈(p.38)

5. 团身滚动(p.100)　6. 单腿屈伸(p.41)　7. 双腿屈伸(p.43)　8. 钟摆脚跟(p.72)

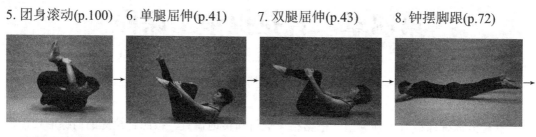

9. 婴儿翘首(p.74)　10. 初级脊椎前探(p.103)

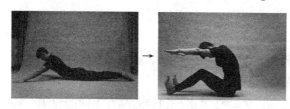

第二节　初级课程

普拉提初级课程是一套完整的课程，通过仰卧动作、俯卧动作、侧卧动作以及团身滚动等动作，既可以训练脊椎向前弯曲、背部伸展、身体核心的凝聚，又可以提高平衡能力并按摩背部，使身体得到全方位的锻炼。

普拉提运动讲求身体深层肌肉的控制和动作的精准性，初级课程是练习者必经的练习过程，不要因为动作看起来简单就草率进行。在练习时，要集中注意力，准确、流畅地完成动作，把握核心的凝聚和身体的控制，用心去感受身体的反应。当我们能够流畅地完成整套动作时，再去练习较高难度的动作。

初级课程动作演示：

　　1. 百次拍击(p.31)　2. 长驱席卷(p.34)　3. 单腿画圈(p.38)　4. 团身滚动(p.100)

　　5. 单腿屈伸(p.41)　6. 双腿屈伸(p.43)　7. 脊椎前探(p.105)　8. 肩基举桥准备Ⅰ(p.56)

9. 婴儿翘首(p.74)　　10. 侧卧抬腿(p.87)　　11. 侧卧单腿画圈(p.88)

12. "V"形悬体准备(p.45)　13. 海豹拍鳍(p.102)

第三节　中级课程

中级课程在初级课程的基础上增加了新动作，动作本身的困难程度有所提高，完成整个课程的时间自然会延长，对身体核心力量的要求也会相应有所提高。特别是腹部核心的练习，动作越难，越需要更强的腹部肌肉力量和控制力来支撑腰部。

普拉提运动讲求身体深层肌肉的控制和动作的精准性，同时提倡量力而为，要根据个人的能力，有限度地挑战自己。如果有些动作我们一开始无法完成，可以按照"动作变换"的要求来练习。

普拉提运动既要求核心的凝聚和身体的控制，又要求动作的流畅。这里的"流畅"，既包括尽力流畅地完成每个动作，又包括流畅地由一个动作过渡到下一个动作，一气呵成地完成整套课程。

中级课程动作演示：

1. 百次拍击(p.31)　2. 长驱席卷(p.34)　3. 单腿画圈(p.38)　4. 团身滚动(p.100)

5. 单腿屈伸(p.41)　6. 双腿屈伸(p.43)　7. 单腿朝天(p.49)　8. 齐腿朝天(p.50)

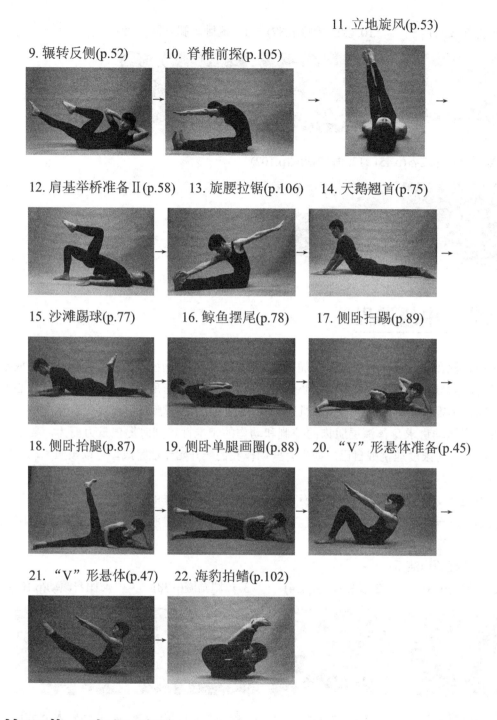

第四节　高级课程

普拉提高级课程类似该项运动的花式表演。对大多数以健身为目的的练习者来说，初级课程和中级课程就可以满足追求健康的需要，没有必要追求高难度，而且大多数普通人不具备做高难度动作的身体能力和技巧，勉强去做不仅达不到锻炼目的，还容易造成身体损伤。所以，可以用一种欣赏的态度来看待高级课程，将其作为我们的训练目标，慢慢向它迈进。

高级课程动作演示：

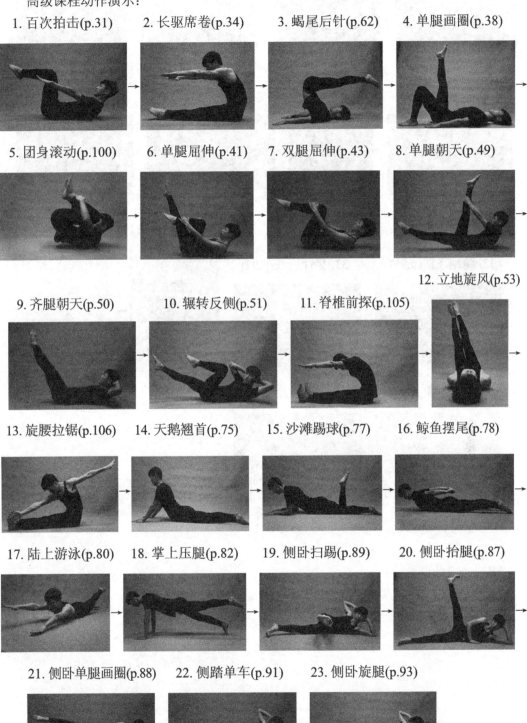

1. 百次拍击(p.31) 2. 长驱席卷(p.34) 3. 蝎尾后针(p.62) 4. 单腿画圈(p.38)
5. 团身滚动(p.100) 6. 单腿屈伸(p.41) 7. 双腿屈伸(p.43) 8. 单腿朝天(p.49)
9. 齐腿朝天(p.50) 10. 辗转反侧(p.51) 11. 脊椎前探(p.105) 12. 立地旋风(p.53)
13. 旋腰拉锯(p.106) 14. 天鹅翘首(p.75) 15. 沙滩踢球(p.77) 16. 鲸鱼摆尾(p.78)
17. 陆上游泳(p.80) 18. 掌上压腿(p.82) 19. 侧卧扫踢(p.89) 20. 侧卧抬腿(p.87)
21. 侧卧单腿画圈(p.88) 22. 侧踏单车(p.91) 23. 侧卧旋腿(p.93)

24. 螺旋十字(p.108)　　25. "V"形悬体(p.47)　　26. 肩基举桥(p.59)　　27. 空中剪刀(p.64)

28. 倒踏单车(p.66)　　29. 一柱擎天(p.68)　　30. 仰撑抬腿(p.70)　　31. 脚上车轮(p.110)

34. 人鱼展肢(p.112)

32. 跪地飞铲(p.95)　　33. 穿针引线(p.97)

35. 海豹拍鳍(p.102)　　36. 普拉提掌上压(p.83)

第五章　普拉提教学

随着我国经济实力的增强，国民收入不断增加，人民生活水平日益提高，这些因素促进了健身娱乐市场的快速发展。与此同时，高等学校在体育教学中不断引入顺应时代要求的新兴项目、时尚课程，不同层次、不同类别的健身俱乐部、健身中心如雨后春笋般涌现。在这一背景下，培养具有突出专业技能和科学指导能力的教师、专职或兼职健身指导员及社会体育人才已成为当务之急。

本章节主要介绍高校体育选修课、健身俱乐部中普拉提课程的教学方法、设计与实施以及课堂安全等问题。

第一节　普拉提垫上课程的教学方法和手段

普拉提是一项讲究控制、精准、细节的运动，教学的最终目的是让学生掌握正确的练习方法，以达到健身或康体的效果。每一个普拉提动作包含的因素有很多，比如身体各部位在每个步骤的位置、核心肌肉的控制、呼吸的协调配合、肩颈的放松等，这些因素都给老师教学带来一定的难度。因此，在普拉提教学中，需要靠老师综合运用各种教学方法和手段，才能取得最佳的教学效果。

一、普拉提垫上课程的教学方法

普拉提的教学方法多种多样，每一种教学方法对实现教学目标都有特殊的作用。采用哪种方法及如何运用，应根据教学目标、教学内容、学生特点及场地设备等具体情况来决定，这样才能发挥教学方法的作用，取得较好的教学效果。在普拉提教学中，常用的教学方法有讲解法、示范法、示范讲解法、提示法、触感帮助法、想象法及动作改良法等。

(一) 讲解法

讲解法是指老师运用语言向学生说明教学任务、动作名称、作用、要领、做法及要求等，以指导学生掌握基本知识、技术、技能、练习方法。这是最主要、应用最普遍的普拉提教学方法，尤其对于初学者，老师应讲解每一个动作的练习目的、目标肌群和正确的完成方法，使其更好地理解并对普拉提产生兴趣，从而真正感觉到身体的运动，进而获得最佳的练习效果。

采用此教学方法时，应注意以下几点：
(1) 讲解要有目的性。在教学过程中，要围绕教学任务、内容、要求以及学生存在的问题等情况，有针对性地讲解。

(2) 讲解要正确。教师所讲的内容应是科学的、准确的，即言之有理、实事求是，并运用统一规范的专业术语。

(3) 讲解要简洁易懂。在讲解时应做到简明扼要、通俗易懂，力求少而精，尽可能使用术语和口诀。

(4) 注意讲解的时机和效果。普拉提教学的讲解可以在示范后进行，也可边做边讲。讲解时，要根据学生已有的知识经验来确定讲解内容的深度和广度，以便使学生更好地理解和掌握。

(5) 讲解的顺序要合理。一般应先讲动作的主干部分，再讲辅助或配合姿势。

(6) 讲解要有启发性。在教学中力求用生动形象的语言引起学生的兴趣、启发学生的积极思维，使学生将听、看、想、练有机地结合起来。

(7) 讲解要有艺术性。讲解必须用普通话，做到口齿清晰、层次分明、表达生动形象、有趣味性、有感染力。同时，应注意讲解的情感和声调，以增强语言的艺术效果。

(8) 讲解要有节奏和鼓舞性。讲解的语言节奏是指语言的声调、语气的强弱应按特定的顺序和时间间隔转换，以激发学生的练习积极性。

(二) 示范法

示范法是指教师以自身完成的动作作为教学的动作范例，用以指导学生进行练习的方法。示范是肢体语言，具有可视性、简便、真实，具有感染力，能够帮助学生建立正确的动作表象，使学生了解所要学习的动作的具体形象、结构、要领和方法。教师正确且优美的示范还能提高学生的学习兴趣，激发学生练习的积极性和自觉性，提高教师的威信，有效缩短学生掌握动作的时间，取得事半功倍的教学效果。

示范法是普拉提教学中最直观的教学方法，也是最易于被学生接受的方法。普拉提教学通常采用侧面示范，这样可以使学生看得更清楚。示范时，不必像有氧操一样从头到尾都示范，因为学生大部分时间都是仰卧、俯卧或侧卧在垫子上练习，并且注意力要集中在自己所做的动作上。因此，教师示范要掌握好时机，一般在开始一个新动作时示范，带领几次后就可以走到学生中间去观察、纠正和给予鼓励。示范法主要分为以下几种。

1. 完整示范法

完整示范法是指从头到尾对单个动作、联合动作和成套动作进行示范。对一些难度小或不能分解的动作可采用完整示范法。优点是可以将动作全过程展现给学生，让学生建立起完整的动作表象，达到提高教学效率的目的。

2. 分解示范法

分解示范法是指将有一定难度、路线较复杂的动作分解成若干部分来示范的方法。优点是能使学生明确动作结构，掌握动作细节，弄清每个动作的方向、路线、骨盆的控制和上下肢的配合，从而理解动作的每一个步骤的技术要点，便于更好地掌握动作。

3. 对比示范法

对比示范法的适用情况：一是讲解同一普拉提动作的不同姿势；二是纠正学生在学习

中出现的常见错误。通过对不同的体态姿势或正误动作进行比较和鉴别，可强化学生对基础动作的理解。

采用示范法时，应注意以下几点。

(1) 示范应是动作的典范。教师的示范应力求做得准确、熟练、轻松和优美，给学生留下深刻印象，使学生看完示范后就会产生跃跃欲试的感觉。因此，教师要不断提高示范动作的质量。

(2) 示范要有明确的目的。教师如何示范要根据教学任务、步骤以及学生的水平确定。例如，教授新动作时，为了使学生建立完整的动作概念，一般可先做一次完整的示范，然后结合教学要求，做重点示范、慢速和常速示范。

(3) 示范要有利于学生观察。在示范时，要注意选择合适的示范面、示范速度，帮助学生找好观察示范的距离和角度。

(4) 示范与讲解相结合。在普拉提教学中，只有把示范与讲解紧密地结合起来，才能获得最佳的教学效果。

(三) 示范讲解法

示范讲解法是讲解法与示范法的结合，也是普拉提教学常用的方法之一。普拉提练习的特点使示范讲解法的应用成为可能，教师可以边做动作边讲解，不需要停下来，因此可以保持课程的流畅性。一般来说，为提高示范讲解法的运用效果，可采用边示范、边讲解的方法。但根据实际情况，在具体运用时也可有所不同。

(1) 只示范、不讲解。如果学生有一定基础，动作又比较简单，可只示范，提出要求即可，不必讲解。多数普拉提垫上动作都是在矢状面上的动作，因此在教学时，应以侧面示范为主，使学生清楚动作的路线、方向等，便于学生模仿。开始时动作应比正常速度稍慢些，便于学生加深对动作的印象。

(2) 只讲解、不示范，或先讲解、后示范。如果教学目的是培养学生的独立思考能力，加深对动作的理解，亦可只讲解、不示范，或先讲解、后示范。

(3) 先示范、后讲解。如果动作比较复杂，应首先让学生建立正确的动作表象，然后再讲解。

(4) 一边慢动作示范，一边讲解。对于初学者或比较复杂的动作，可采用一边慢动作示范、一边讲要求、一边让学生跟着模仿的方法。

无论采用哪种方式，在运用示范讲解法时，教师讲解的语言应简明扼要、语气肯定、表达生动、比喻形象，教师的示范要优美大方、有感染力、有激情，如此才能调动学生的学习热情，提高学生学习的积极性、参与性和实践性。

(四) 提示法

提示法是指教师以提示的方式指导学生进行练习的一种方法。这种提示可以是语言的，也可以是非语言的。

1. 语言提示

语言提示是指教师用简练的语言解释动作是什么以及如何实施，讲解准备动作、身体中立位、肌肉名称和呼吸技巧等。在普拉提课程教学中，学生需要保持一种内在的注意力集中，深而有节律的呼吸和本体感觉可促进这种注意力的集中。教师可运用语言提示来加深这种体验，通过清晰、悦耳和充满抚慰的声音来表达，同时表现出肯定和鼓励，常用的口令有"呼气""吸气""坚持""控制""专注"等。

采用提示法时，应注意以下几点。

(1) 应用准确、恰当、通俗易懂的语言或口令来提示动作。

(2) 运用语言或口令提示时要做到声音柔和、口齿清晰、声调适当，确保每一位学生都能听到。

(3) 提示动作重复的次数和改变动作时，一般常采用倒数法。

(4) 教师应用富有情感的语言来提示，要有号召力和鼓动性。生动的、带有鼓动性的语言或口令，可以活跃课堂气氛，调动学生情绪，使学生在愉快、轻松的心境下学习普拉提，从而激发学生学习的自信心，有利于取得更好的学习效果。

(5) 在普拉提教学中，教师语言或口令的音量、语调的轻重要适宜，做到恰到好处，不适宜的语言或口令会影响学生学习的情绪和效果。

2. 非语言提示

非语言提示是指教师用肢体语言、面部表情、视线接触等提示学生完成动作的一种方法。

采用此教学方法时，教师要善于运用面部表情和眼神的变化来激励学生，如微笑、眼神对视、点头等。

(五) 触感帮助法

触感帮助法是指教师通过手或身体的接触，以有针对性的手法辅助学生找到正确的身体感觉，这也是根据普拉提动作的特点所采用的教学方法。由于理解能力或身体的原因，有时候学生不明白教师的语言或口令的真正用意，而触感教学比较直接，能够直接引导学生做出正确的动作。这种方法适用于个别指导，也适用于教授一些难度较大或身体位置难以控制的动作时使用，可帮助学生稳定姿势，避免其因失去平衡而摔倒，从而保证学生的安全。

(六) 想象法

想象法是普拉提练习中非常有特色的一种教学方法，是教师根据动作要求事先进行设计，利用我们生活中的经验，想象自己处于某种特定场景中，来表现相应的普拉提动作的方法。这种方法可使练习者获得更好的感觉，通常和提示法及触感帮助法结合运用。在普拉提教学中，教师常常会用到想象法，来引导学生尽量做出合乎要求的动作。

(七) 动作改良法

动作改良是普拉提教学中的一个重要内容。通过"改良"(见第三章普拉提垫上动作中的"动作变换"),可以使某个动作练习变得更难或更容易,还可以使其适应有身体限制的练习者。教学时,可根据学生的个体差异,对动作进行如下调整。

(1) 注意头部的位置。保持颈部伸展,收下颌,头部接触地面,以减轻颈部的压力;在颈下放置毛巾或颈垫来支撑颈部,以保护颈部和脊柱上部。

(2) 变换手臂的位置和姿势。通常情况下,手臂离开身体越远,动作就越难。

(3) 变换腿的位置和姿势。腿伸直并抬起时,腿的高度越低,对背部的压力越大并且腹部就越需用力;对于坐姿大腿后部紧张的情况,在练习中可以稍微屈腿或者将臀部垫高。

总之,上述几种教学方法都有各自的特点和功能,但彼此之间存在有机联系。在普拉提教学中,教师应根据课程的任务需要,灵活地运用各种方法,达到相辅相成的效果,使每一种方法的运用都成为整个教学过程中有机的一环。

二、普拉提垫上课程的教学手段

教学手段是指教学中传递信息和情感的媒介物以及发展体能和运动技能的操作物。

普拉提的教学手段与教学方法既有联系又有区别。它们都是为实现教学目标服务的,但它们又有所不同。教学手段是指为了提高教学效果而采用的实物或设备。例如,在教授普拉提高级动作"一柱擎天"时,可通过展示图片上的标准动作向学生讲解倒立时腿与躯干的相对位置。在这里,图片就是直观法所采用的直观教具。又如,教授一些支撑类的动作时,为了增加动作难度,提高身体的稳定性,可让学生将双腿放在大健身球上,这样可以加大练习负荷,有助于增强体能。这时,健身球就成为练习法所采用的器具。

(一) 普拉提教学手段的作用

(1) 沟通信息,调控教学过程。在教学中,师生往往通过视觉、听觉接收信息,而这些信息的传播需要借助各种教学手段。例如,教师可以用一幅挂图、一张图表向学生展示教学内容,学生观看后获得信息,就可以进行下一步的学习。

(2) 提高信息的接收效果和教学质量。信息发出后,被对方接收并经转化储存起来的数量,是影响信息效益的重要条件。信息被接收的条件,一方面是信息本身具有可接受性;另一方面是接收者的状态,主要指动机、态度、情绪、兴趣、神经系统的兴奋性等。使用多种教学手段,对这两方面都能产生积极的影响。例如,在教授普拉提高级动作时,采用电视、录像等教学手段,会对学生产生新异刺激,容易引起学生的兴趣,提高兴奋性,最大限度地增加信息的接收量,从而提高教学效果。

(3) 有利于进一步提高和改进动作质量。通过现代化教学手段显示的图像或通过对学生的动作进行录像,可以让学生通过对比、分析发现问题,及时改进和提高动作质量。

(二) 普拉提教学中常用的教学手段

在普拉提教学中，常用的教学手段有视听类和辅助器材类等。

(1) 视听类。包括图解、看课、电视、录像、计算机、多媒体等。

(2) 辅助器材类。包括轻器械(泡沫轴、弹力带、健身球、平衡垫)、固定器械、地板、场馆等。

(三) 选择普拉提教学手段应注意的问题

(1) 要有助于提高教学质量。选用哪种教学手段，必须要明确目的，教学手段应有助于激发学生的学习动机，有助于检查学习效果。

(2) 选择教学手段要从具体条件出发。从实际出发，一方面要考虑现有的场地、器材、设备等情况；另一方面要因人而异，选择有效的教学手段，以提高教学效果。

(3) 要协调人与操作物之间的关系。教学手段的选择要有利于师生双方活动的进行，因此，既要调整师生之间的关系，又要发挥师生的积极主动性，协调人与操作物之间的关系，使器材、设备、电化教学等手段为人服务。

第二节 普拉提垫上课程的结构与设计

一、普拉提垫上课程的结构

普拉提课程是一种自由式课程，没有固定的成套动作，需要教师在课前根据教学任务、教学目标和学生的实际情况选择练习动作、确定练习次数，并对整套课程进行合理的安排。一堂动作选择适宜、运动量均衡并具有一定挑战性的课程可以确保达到最佳的练习效果。普拉提课程一般由热身、基本部分、放松整理3个部分组成。在课程的开始阶段，要演示和讲解呼吸技巧，可以把身、心以及呼吸结合起来，确保学生能够一直保持正确的呼吸。对于呼吸技巧，可以通过多种多样的姿势来演示，最常用的是仰卧双"V"形姿势(膝盖弯曲，脚平放于地面)。

(一) 热身

每堂课都应以恰当的热身运动开始。热身运动的目的是为正式运动做好身体和心理的准备，包括提高肌肉的温度、扩大关节活动的幅度、加快神经传导的速度，使大脑处于运动的准备状态等。对于45分钟的课程，热身运动的时间为5分钟左右；对于60分钟的课程，热身运动的时间为8～12分钟。在热身阶段，应介绍准备性动作、呼吸技巧、身心结合技巧及脊柱中立位，还应做一些轻微至中等强度的运动，为下面练习更激烈和更有挑战性的动作做准备。热身一般包括以下5方面内容。

(1) 姿态意识练习。

(2) 呼吸练习。
(3) 中间体位技巧练习。
(4) 柔和伸展练习。
(5) 平衡练习。

(二) 基本部分

基本部分也就是锻炼部分，包括一系列动作，重点在于增强肌力和柔韧性，练习平衡性。动作的实施要缓慢、有控制，从一个动作顺畅地过渡到下一个动作。教师应针对学生的水平和教学进度的安排，选择训练骨盆、躯干和肩胛稳定性的动作以及上半身和下半身的强化动作。一般来说，45分钟的课程可以安排8～10个动作，占用20～30分钟；60分钟的课程可以安排10～12个动作，占用20～45分钟。在设计课程时，应遵循下列原则。

(1) 练习难度应适合学生的身体状况和技能水平。
(2) 选择2/3的力量性练习和1/3的灵活性练习。
(3) 在练习中包括各种体位的练习(仰卧位、俯卧位、侧卧位等)。
(4) 保持各种动作之间连接的流畅性。
(5) 以伸展性练习结束。

(三) 放松整理

放松整理是一堂课的结束部分，目的是使学生的身体和心理恢复到练习前的状态，降低身体温度，提高柔韧性并放松，一般为5～10分钟，内容为被动伸拉和放松练习。同时，可以和学生进行交流，用积极的反馈和表扬来增强学生的自信心，给予教育性的技巧指导及强调普拉提的练习原则等。该阶段一般包括以下4个方面的内容。

(1) 被动伸拉和放松。
(2) 问题解答和反馈。
(3) 强调1～2项普拉提练习原则。
(4) 鼓励学生坚持练习，养成习惯。

二、普拉提垫上课程的设计

(一) 入门课程的设计

1. 入门课程范例
(1) 热身。具体包括：
- 呼吸练习；
- 脊柱下压姿势；
- 感受脊柱中立位；
- 仰升上体；

- 下滚动。

(2) 基本部分。具体包括：
- 百次热身；
- 单腿画圈；
- 单腿屈伸；
- 长驱席卷；
- 初级脊椎前探；
- 肩基举桥准备Ⅰ；
- 钟摆脚跟；
- 婴儿翘首；
- 侧卧抬腿；
- 侧卧单腿画圈。

(3) 放松整理。具体包括：
- 猫伸展；
- 仰卧放松。

2. 注意事项

(1) 详细介绍普拉提课程练习的注意事项。

(2) 告知学生练习前后需要注意的安全问题。

(3) 了解学生的身体情况，提醒其练习相关禁忌，并在课程进行中关注其练习情况。

(4) 告知学生在开始练习时可能发生的身体状况，如颈部不适、腹部酸痛等，解释原因并说明如何处理。

(5) 课后和学生简单交流，解答疑问并鼓励学生。

(二) 初中级课程的设计

1. 初中级课程范例

(1) 热身。具体包括：
- 呼吸练习；
- 脊柱下压姿势；
- 感受脊柱中立位；
- 仰升上体；
- 下滚动。

(2) 基本部分。具体包括：
- 百次热身；
- 单腿画圈；
- 单腿屈伸；
- 双腿屈伸；
- 十字交叉；

- 长驱席卷；
- 脊椎前探；
- 肩基举桥准备Ⅱ；
- 钟摆脚跟；
- 婴儿翘首；
- 沙滩踢球；
- 鲸鱼摆尾；
- 侧卧抬腿
- 侧卧单腿画圈；
- 侧卧扫踢；
- "V"形悬体准备；
- "V"形悬体；
- 海豹拍鳍。

(3) 放松整理。具体包括：
- 猫伸展；
- 仰卧放松。

2. 注意事项

(1) 适当增加动作数量和动作难度，纠正和调整动作细节。
(2) 详细介绍普拉提课程练习的各项要求。
(3) 提醒学生各项练习前后需要注意的安全问题。
(4) 询问学生的身体情况，提醒其练习相关禁忌，并在课程进行中关注其练习情况。
(5) 提醒学生关注练习时的身体感觉，体会身体各部位的位置，强调呼吸和动作的配合。
(6) 课后和学生简单交流，解答疑问并鼓励学生。

(三) 中高级课程的设计

1. 中高级课程范例

(1) 热身。具体包括：
- 呼吸练习；
- 脊柱下压姿势；
- 感受脊柱中立位；
- 仰升上体；
- 下滚动；
- 百次热身。

(2) 基本部分。具体包括：
- 长驱席卷；
- 蝎尾后针；

- 单腿画圈；
- 团身滚动；
- 单腿屈伸；
- 双腿屈伸；
- 单腿朝天；
- 双腿朝天；
- 十字交叉；
- 脊椎前探；
- 立地旋风；
- 旋腰拉锯；
- 钟摆脚跟；
- 婴儿翘首；
- 沙滩踢球；
- 鲸鱼摆尾；
- 陆上游泳；
- 掌上压腿；
- 普拉提掌上压；
- 侧卧抬腿；
- 侧卧单腿画圈；
- 侧卧扫踢；
- 侧卧单腿画圈；
- 侧踏单车；
- 侧卧旋腿；
- 螺旋十字；
- "V"形悬体准备；
- "V"形悬体；
- 肩基举桥；
- 空中剪刀；
- 一柱擎天；
- 仰撑抬腿；
- 脚上车轮；
- 跪地飞铲；
- 穿针引线；
- 海豹拍鳍。

(3) 放松整理。具体包括：

- 猫伸展；
- 人鱼展肢；

- 仰卧放松。

2. 注意事项

(1) 减少示范，更多地运用语言和口令来引领课程。
(2) 适当增加动作数量和动作难度。
(3) 强调呼吸与动作的配合。
(4) 适当加快节奏，减少重复次数，流畅地完成动作。
(5) 强调动作细节，注重动作的精确性。
(6) 提醒学生练习前后需要注意的安全问题。
(7) 询问学生的身体情况，提醒其练习相关禁忌，并在课程进行中关注其练习情况。
(8) 课后和学生简单交流，解答疑问并鼓励学生。

第三节　普拉提教学的课堂环境和安全措施

一、普拉提教学的课堂环境

(1) 地面。普拉提练习场地的地面可以是木地板，也可以是塑胶板或地毯。练习时需要铺上专业的普拉提垫子，也可以用加厚的瑜伽垫代替，不要直接在硬地面上练习。

(2) 灯光。由于很多普拉提垫上动作都是仰卧动作，练习时需要脸部朝上，所以上课时灯光不要太亮，尤其应避免直接照向学生的眼睛。保证教师垫子位置的光线，以便能够让学生清楚地看到教师的示范。

(3) 镜子。镜子可以帮助学生随时检查身体各部位的位置及动作的正确与否，所以普拉提教室内最好设有镜子。

(4) 音乐。由于普拉提动作的特点，在练习时，学生需要听到和理解教师的提示和讲解，所以可以选择语音较轻并且没有强烈节奏的音乐作为背景音乐。对于普拉提初学者来说，在大脑对身体和普拉提练习没有形成概念之前，可以不设背景音乐。当学生形成普拉提概念并在动作中巩固以后，可以选择适当的音乐以丰富练习体验。

(5) 环境温度。练习时，环境温度过高或过低都会使人感觉不舒适，甚至容易造成身体损伤。通常情况下，适宜的环境温度为20℃～28℃。

(6) 噪音。在普拉提课堂内应保持安静，上课前提醒学生不要互相交谈，将手机设置到静音状态，尽量不接听电话，避免影响他人。

二、普拉提教学的安全措施

任何运动都有受伤的可能性，练习不当更可能导致身体损伤，因此教师应教授学生正确有效的练习方法，以确保学生在练习时的安全。此外，还应注意以下几方面。

(1) 垫子的周围必须保证有足够的空间，避免在练习幅度较大的动作时撞到墙面或其他学生。

(2) 上课前应询问学生是否有伤痛或疾病，对于患有高血压、心脏病、椎间盘突出、椎管狭窄以及骨质疏松等慢性疾病的学生，应建议其征求医生的意见，不要随意给出超越专业范围的医学建议。

(3) 提醒学生遵循"专注"原则，不但有益于动作表现，并且是保证安全练习的基础。

(4) 要求学生在练习时循序渐进、量力而行，告诫学生练习超越自身能力的动作是非常危险的。

(5) 提醒学生要听从身体的感觉，根据自己的身体条件和健康状况选择老师提示的变换动作。

(6) 上课时，注意观察每一个学生的状态和表现，如果出现不寻常的状况，应立即让其停下动作躺下休息，必要时应及时让学生去正规医院就医。

参考文献

[1] Maggie Tan，杨灵.普拉提自学天书[M].北京：当代世界出版社，2004.

[2] 杨萍.普拉提(垫上)双语教材[M].北京：北京体育大学出版社，2011.

[3] 吴振巍.普拉提[Z].天津：中国左右普拉提培训学院，2014.

[4] 阿兰·海德曼.普拉提健身法入门指南[M].北京：人民体育出版社，2007.

[5] 吉林体育学院阳光体育运动丛书编写组.普拉提[M].长春：吉林出版集团有限责任公司，2008.

[6] 李世昌.运动解剖学[M].北京：高等教育出版社，2015.